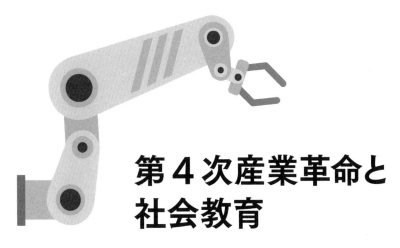

第４次産業革命と
社会教育

尹　敬勲

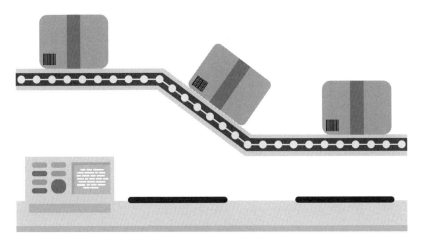

流通経済大学出版会

目　　次

第4次産業革命の時代の学び

　世界は第4次産業革命という転換期を迎えている。詳しくいえば、遺伝子工学、人工知能（AI）、ロボット工学、ナノテクノロジー、3Dプリンティング、バイオテクノロジーのような技術革新が人々の生活を変えている。そして、このような技術革新の中、企業は、家庭、工場、農場、都市、そしてサプライチェーンの管理から気候変動に至るまで、多様な問題を解決するために高度なデジタルシステムを用いて様々な事業に取り組んでいる。新しい経済パラダイムとして登場した共有経済（sharing economy）はその代表的な例でもある。

　しかし、第4次産業革命がもたらす変化が全て肯定的なものではない。つまり、経済成長を牽引する様々な技術革新の過程において技術革新（イノベーション）は、新しい仕事を多く創出すると同時に、既存の多くの仕事を消滅させるからだ。要するに、多くの人々が新しい仕事に就く機会が増える一方、生活の基盤が失われる人々も増えることを意味する。このような変化に対応するために、今、政府、企業や市民団体は、第4次産業革命が持つ意味を様々な視点から分析し、技術革新の変化から生まれる効果は最大化し、弊害は最小限に抑える道を模索している。それでは、そもそも第4次産業革命とはなんだろうか。詳しい内容は第2章で検討するが、ここでは簡単にその概要を紹介する。

　第4次産業革命とは、1784年を基点としてイギリスで始まった蒸気機関と機械化に代表される第1次産業革命、1870年を基点に始まった電気を活用することで物の大量生産が本格化された第2次産業革命、1969年を基点に広がり始めたコンピュータを活用した情報化と自動生産システムを牽引した第3次産業革命の流れを継ぐものである。つまり、第4次産業革命とは、ロボットや人工知能を介して実在の空間とサイバー空間が統合し、事物を自動的かつ知能的に制御することができる仮想物理システムの構築を実現する産業の変化を意味する。

しかし、第4次産業革命が今までの産業革命の流れと異なるのは、第3次産業革命の連続線上で扱われるのではなく、第3次産業革命とは異なる性格を持っていることである。それでは、第4次産業革命が従来の産業革命と異なるのはどういうことだろうか。

　第4次産業革命は、技術の変化が前例のないほど速いスピードで私たちの生活に影響を与えており、その影響力も広範囲にわたる。特に、私たちの生活の中で最も大きな影響を与えるのは、人々の仕事に関連する部分である。この点は、第4次産業革命に限って言えるところではなく、過去の産業革命においても同じく言える部分である。一般的に、技術革新の結果によって労働力を不要とする動きが、新しい形態の雇用創出のスピードを上回っているため、技術革新が進めば進むほど雇用創出より雇用喪失が顕著に現れ、雇用問題が拡大する傾向がある。実際、歴史的に見ても、ラジカルな技術革新は常に社会不安や不満の原因を提供してきたのである。例えば、イギリスの産業革命の時代に遡ってみよう。

　第3章で詳しく取り上げるイギリスの中・北部地域の織物工業地帯で起きた「ラッダイト運動（Luddite movement；機械破壊運動、1811〜1817年）」は、技術革新によって発生した雇用問題が深刻な暴力事態にまで拡大した典型的な事例である。ラッダイト運動が生み出した社会的葛藤の歴史的展開と社会教育の視点から見た課題に関しては第3章で詳しく確認するが、本研究の全体的構成を理解する視点からラッダイト運動に関する概要だけをここで確認したいと思う。

　第1次産業革命の時代、つまり1800年代前半のイギリスでは、織物工業の生産現場を中心に機械化が進んでいた。一方、ナポレオン戦争の影響で不況に陥って失業者が増加し、物価も日々上がり続け、労働者は失業と生活苦によって社会的不満が高まっていた。その中、労働者は自らの苦労の原因を機械のせいだという認識を持つようになり、ラッダイト運動（機械破壊運動）を起こした。歴史上、初めての技術

革新に起因する雇用問題が生み出した社会的葛藤がラッダイト運動で
あったのである。

　その後、第2次産業革命の時代においても技術革新が進み、労働者は
第1次産業革命ほどの反発はなかったが、技術の変化に対応できなかっ
た企業の倒産により、大量の失業者が生まれた。まさしく、ラッダイト
運動と本質的に似ている現象が起きたのである。このような歴史的事実
をふまえると、技術革新と労働者の失業は切っても切れない関係にある
ことがわかるとともに、技術革新は常に失業の増加という社会不安要素
を内在していると理解できる。

　しかし、1950年代以降、技術革新と労働者の失業の拡大に伴う社会
的不安との因果関係を上記のような視点とは異なる形でとらえる見解
が出され始めた。1950年代後半、国際労働機関（ILO）は、過去の経験
をふまえて、「技術革新が世界の雇用の減少につながると信じる理由
は一つもない」といいながら、「技術革新が一時的に一部の産業部門
の雇用を減らすことは事実だが、長期的には、むしろ、他の部門の雇
用を創出し、全体の雇用を増加させた」[1]と述べた。それまで通論と
して認識されていた技術悲観論（techno-pessimism）に相対する見解を
示したのである。より具体的にILOの報告書を見ると、「技術の変化
に起因する雇用減少効果はほとんど恐れていたよりも大きな影響はな
かった」[2]と記されている。さらに、ILOのみならず、アメリカのリン
ドン・ジョンソン大統領時代の国家委員会も、1960年代の機械化と自
動化の展開過程において、技術革新に伴う失業の拡大を憂慮する技術
悲観論は根拠がないものと結論付けている（Autor 2015）。

---

1 ）International Labor Office（1957）, The Report of the Director-General: Part 1 - Automation and other technological developments, Geneva.

2 ）International Labor Organization（1972）, International Labor Conference 57th Session Geneva: Labor and Social Implications of Automation and Other Technological Developments, Geneva.

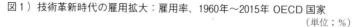

図 1) 技術革新時代の雇用拡大：雇用率、1960年〜2015年 OECD 国家

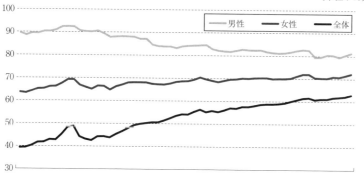

（http://www.ilo.org/wcmsp5/groups/public/---dgreports/---dcomm/documents/publication/
wcms_534201.pdf）

　　また、ILO（国際労働機関）と OECD（経済協力開発機構）が推計した
1960年から2015年までの技術革新と雇用率が関連する統計においても、
男女の雇用率は異なる方向を見せているが、全体の雇用率に焦点を当
てると55年の間に、約10％上昇したことが示されている（図1参照）。

　　上記のグラフから見ると、機械化、自動化、そして情報化という技
術革新が展開される中、社会全体の雇用率は減少せず、上昇し続けて
きたことがよくわかる。つまり、これらの統計結果と国際機構の論調
から見れば、技術革新が労働者の仕事を奪うという労働者側の憂慮は
一時的な生活苦から生まれた悲観論としてとらえることができる。

　　それにもかかわらず、技術革新によって職を失った労働者の生活と
いう側面に焦点を当てると、技術革新が労働者の生活基盤を奪うとい
う結果を生み出すという側面があることを否定することはできない。
実際、第5章で詳しく述べるが、印刷業界の文選工のように技術革新
によって職を失う労働者が現れていることが第4次産業革命の時代に
も起きていることを意味する。要するに、技術革新によって職を失い、

生活苦に陥る労働者個々人の人生に焦点を当てて技術革新の全体の流れを見ると、雇用率が上昇するという国際機構の分析による数値だけを鵜呑みにして、技術革新の悲観論を無視することはできない。なぜならば、第4次産業革命は過去の技術革新とは異なり、前例のない速さで情報技術（IT）、自動化、人工知能、IoT、ビッグデータなどの技術革新が実現され、その結果、生産性の向上と自動化が高度に発展し、雇用代替効果（job-replacement effects）が現れているからである。つまり、労働者個々人が職を失う可能性は以前の産業革命に比べて高いことを示唆している。イギリスのオックスフォード大学の研究者であるフライとオズボーンは、技術革新の動向を工学的に分析し、アメリカの雇用の47％が今後10〜20年以内に消える危険性があり、イギリス、ドイツ、フランスでは雇用の35％程度が消えると予想した。同時に、このような技術革新は、702の職業群に影響を与え、医師をはじめ旅行ガイド、動物のトレーナー、個人金融カウンセラー、掃除婦（夫）まで多くの仕事が減り、実際20年以内に今の職業を基準とするとアメリカ内の雇用の47％が消える可能性があると分析している[3]。また、ILOも独自の調査研究に基づき、アセアン（ASEAN）諸国での仕事の5分の3が自動化される可能性があると発表している[4]。技術革新によって既存の職業がなくなるという予測が次々と出される中、特に、製造生産現場がロボットを活用する自動化が進むことによって早い段階か

3）Carl Benedikt Frey and Michael A. Osborne.（2016）The Future of Employment: How susceptible are jobs to computerisation? *Technological Forecasting & Social Change*（114）pp.254-280.（https://ac.els-cdn.com/S0040162516302244/1-s2.0-S0040162516302244-main.pdf?_tid=7b2f0094-b725-11e7-9229-00000aab0f27&acdnat=1508675906_aa5ed279e977e529e3821968ce3ee41e）

4）Jae-Hee Chang, Gary Rynhart and Phu Huynh.（2016）ASEAN in transformation : The Future of Jobs at Risk of Automation, *ILO Bureau for Employers' Activities, Working Paper*（No 9）.（http://www.ilo.org/public/english/dialogue/actemp/downloads/publications/2016/asean_in_transf_2016_r2_future.pdf）

ら職を失う労働者の数が増えるだろうと予測されている。また問題は
これに止まらず、産業革命初期の機械の導入を阻止し、機械を破壊し
たラッダイト運動が起きた時のように、生産現場の自動化の拡大が大
量失業と社会不安につながり、労働者の激しい抵抗を生み出す可能性
もある。このリスクを裏付けるように、2016年に開催された世界経済
フォーラム（ダボス会議）でも、今後5年間でロボットと人工知能で
500万人の雇用が消えると予測している。もちろん、2008年の金融危
機から5年の間、アメリカだけで400万人の雇用が消えたという数値
に比較すると、第4次産業革命による雇用の喪失の数値は、金融危機
と同様の水準であり、世界が克服可能な、または受け入れられる水準
の数値であるように見える部分もある。

　しかし、第4次産業革命の雇用の喪失は単に数字の問題ではない。
なぜならば、ロボットと人工知能の発達に伴う人間の労働の代替は、
仕事を消滅させるという側面より労働の質と形態を完全に変えてしま
うからである。すなわち、産業のデジタル化、自動化、クラウドシス
テムの普及によって産業構造自体が再編される可能性がある。例えば、
自動車産業を見ると、自動車産業は電気自動車や完全自律運行車を中
心に急速に再編され、それによって自動車部品会社の30％以上が消滅
するだろうと予想されている[5]。さらに、ボストンコンサルティング
グループ（BCG）の報告書によると、2025年まで、ロボット技術への
代替などで、全世界の労働力に支払う対価が16％減少すると推定され
ている。特に、韓国の場合、賃金の減少幅が世界平均の2倍の33％を
記録すると予想されている。ロボット導入の速度から見ても、韓国が
世界平均よりも4倍速いため、2020年には20％、2025年には40％まで、
製造業の作業をロボットが代替すると予想されているのである[6]。

5）ホン・ソンマン．（2017）「デジタル転換と労働の未来」『Workers』（10月13日号）
6）BCG.（2015）Man and Machine in Industry 4.0: How Will Technology Transform the

図２）2025年までのロボットの労働市場における代替率の見通し[7]

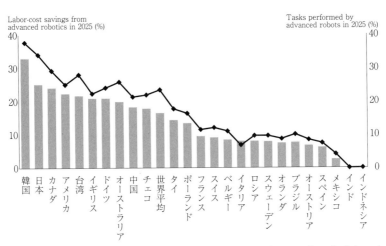

（BCG（2015）Man and Machine in Industry 4.0: How Will Technology Transform the Industrial Workforce Through 2025,）

　このような内容から見ると、第４次産業革命によるロボットと人工知能への雇用の代替、産業構造の再編は、労働の形態と質の変化を伴う雇用の消滅を招く危険性がある。特に、働く人々の視点から見ると、第４次産業革命が招く労働の未来は、ロボットと人工知能への雇用の代替によって自らの職が奪われるのがほぼ確実なものになっており、当然、それに対する反発が出てくると考えられる。つまり、第４次産業革命に伴う技術悲観論が働く人々の間で広がり、ラッダイト運動まではいかなくても、職をロボットと人工知能に奪われたと思う人々が増え、その結果、社会的葛藤が深刻化する危険性があることを意味する。

　もちろん、このような意見に対する反論も少なくない。OECD は、

Industrial Workforce Through 2025, pp.1-22.

7 ）Ibid.

21の加盟国内の雇用の自動化の可能性を分析したレポート「自動化による OECD 加盟国間の雇用リスクの比較分析」を通じて、自動化と人工知能が生産現場に広がることによって、21の加盟国全体の雇用の平均 9 ％が自動化されるリスクがあると記しながら、ロボットに代替されるリスクがある仕事であっても、技術革新に伴う雇用の減少は予測より時間差があることを強調している[8]。この主張を補足すれば以下のように説明できる。

第 4 次産業革命の技術革新が急激に展開されるといっても、実際に、生産現場で技術革新が定着するまでは経済的、法的、社会的に生じる問題を解決する必要があるため、非常に長い時間がかかる。そのため、労働者たちは生産現場に自動化システムが導入されても、すぐにロボットに仕事を奪われるのではなく、変化した技術環境に適応する時間が確保できると同時に、既存の生産現場では存在しない新たな雇用が生まれる可能性もある。すなわち、技術革新の直接的な効果として、従来の雇用が破壊されることはあるが、技術革新の産物として新たな経済活動が起き、これによって新たな雇用が生まれる可能性が高いということを意味する。具体的な理由は次の五つから把握できる。

第一に、新技術と雇用の間に相補性がある。具体的にいうと、銀行が ATM を導入した時、銀行員の大量失業が予想されていた。しかし、実際は、財務的に余裕が生まれた銀行が顧客と接する対人サービスを増やすことで、雇用は減らなかったのである。

第二に、技術の肯定的な波及効果（spillover effect）が新たな雇用を創出するということである。労働者の雇用を代替するロボットや「スマート」になった機械は、機械を持続的に改善し、維持、補修するための新たな雇用を求めるため、自然と雇用が増えるということである。

---

8 ）OECD.（2016）"The Risk of Automation for Jobs in OECD Countries," Jan.

　第三に、一つの技術革新は別の技術革新を伴う効果があるからである。新しい科学的知識は、新しい技術だけでなく、新たな商品の開発を可能にする。要するに、アップルのスティーブ・ジョブズのようなクリエティブな起業家たちが、新しい商品やサービス、ビジネスモデルを劇的に開発し、新たな雇用を創出することを意味する。

　第四に、価格効果と所得効果が発生することである。技術の発展によって生産性が向上すると、それに応じて賃金、収入、購買力が上昇する一方、価格は低下する。その結果、商品の需要が増え、生産を増加させる。これは、例えば、医療技術の発展は医療費を削減することができ、より洗練された医療サービスの需要を増加させたようなものである。

　第五に、労働力を削減させる技術革新が進むと、労働時間が減り、余暇活動と幅広い商品の革新をもたらし、新しいサービスなどの需要と新しい雇用を創出するからである[9]。

　しかし、このような五つの楽観的な見方とは裏腹に、第4次産業革命が抱えている本質的な問題がある。その問題とは、第4次産業革命で雇用全体のパイが広がるといっても、それが高い給与の仕事と低い給与の仕事に偏り、中間水準の所得の仕事が減り、雇用の二極化が拡大するということである。実際、今日、生産現場にロボットと自動化が展開される中、高い技術的能力を要する専門的労働者の需要と自動化を推進する必要のない単純労働者の需要は増えているが、中間所得群の仕事はロボットや自動化が進んでいる。先に言及したフレイとオズボーンの報告書においても、過去数十年間は、技術の進歩が進むにつれて中位所得群の雇用が減少すると分析されている。このような状況を見ると、中間水準の給与の仕事に就いている人々の雇用の状況は、

---

9 ）OECD STAN Bilateral Trade database US.（2012）Bureau of labour Statistics; BCG analysis. The China figures are based on labor data for the yangtze river delta region.

第 4 次産業革命の流れの一つであるスマート工場の拡大が進めれば進めるほど、大きな打撃を受けることになると予測できる。

　それでは、このような雇用の二極化が進む中、人々はどのように第 4 次産業革命という変化に対処すればいいのだろうか。まず、労働者個々人が変化に能動的に対応するための学習に取り組む必要がある。第 3 章で詳しく紹介するラッダイト運動の場合、労働者は技術革新が自らの雇用を奪うものだと感情的に判断し、機械破壊という行動に出た。このことを見ると、変化の過程で労働者が自ら置かれている状況を学習し、冷静に把握することなく、単に感情的に行動することがいかに深刻な問題を招くかということを示唆している。つまり、第 4 次産業革命の技術革新の過程で人々が、賢明になおかつ冷静に対処するためには、仕事を失う前に学習を通じて自らの生きる道を模索することが重要である。ただし、この時の学習は、労働者が正規の教育課程に再帰するのではなく、今の仕事を継続しながら、自分の仕事の内容と第 4 次産業革命の変化を関連づけて対策を考える学習、つまり社会教育研究の中で実践されている学びが求められる。そして、第 4 次産業革命の変化に対処するための社会教育においては、全ての労働者が働きながら新しい技術を均等かつ安価に学べるようにすることが必要である。

　現状でも、第 4 次産業革命に必要な学習機会を提供するために様々な工夫がなされている。例えば、ゼネラルアセンブリのようなオンライン大衆公開講座（ムック、Massive Open Online Courses）が普及しつつある。オンライン大衆公開講座のプラットフォームは、第 4 次産業革命が必要とする新技術を中心とする内容で構成され、労働者が必要な教育をオンラインで受けることができる機会を提供している。また、シンガポールでは、25 歳以上の国民が公認された教育機関（500カ所）で受講する際に使用することができる「個人学習口座（individual learning accounts）」システムが開設されている。

　このように第 4 次産業革命に対処する学習を進めるために公開講座と政府の支援策が注目される理由は、既存の企業によって実施されている企業内教育は、第 4 次産業革命の変化に能動的に対処する学習を進めるのではなく、企業の事業内容に沿った能力だけに限定して教えているからである。要するに、企業内の教育を受けた労働者は一時的に変化に対処する技術を習得するだけであって、第 4 次産業革命の変化に自ら対処するのに必要な考える力を形成することはできないからである。結局、考える力を持たない労働者は、第 4 次産業革命が支配する労働市場において不利な立場に置かれる可能性が高い。そのため、労働者は、会社から指示される内容に沿った学習から脱皮し、仕事がロボット化や自動化によって消滅するリスクに直面する前に、自分の分野に必要だと思われる学習を自ら見つけ出し、学習していける考える力を形成することが必要である。

　本研究では、第 4 次産業革命の技術革新の過程で労働者が自分の仕事が消滅するまで嘆きながら忍耐するのではなく能動的に対応するための学びの意義を次のような流れで検討していく。第 1 章では、第 4 次産業革命の技術革新への対処のあり方によって生計を維持できるか、できないかという問題につながるという問題認識のもとで労働者の学びに焦点を当てているということから、社会変化と社会教育研究の理論的枠組みを検討する。

　第 2 章では、過去の産業革命および技術革新のように、現在起きている第 4 次産業革命という社会変化の特徴を把握する。

　第 3 章では、第 4 次産業革命の技術革新と関連する社会変化への対処の事例の中で、第 1 次産業革命の技術革新に対処するための学びという視点からイギリスのラッダイト運動の経験を考察する。

　第 4 章では、農業近代化という技術革新がもたらした社会変化の時

代において、どのように農民が学びを通じて生きる道を模索したのか
を、信濃生産大学の農村青年の学習運動の事例を通じて検討する。

　第5章では、生産現場の自動化やデジタル化という技術革新によっ
て職を失った労働者たちの実際の声である「インタビューデーター」
にもとづき、社会変化によって職を失う人々の実態を把握する。

　第6章では、上記の内容を踏まえて、第4次産業革命時代において、
労働者が技術革新という時代の流れに逆らおうとするのではなく、む
しろ変化を必然的なものとして受け入れ、変化を先取りできるように
能動的な姿勢で学習し、生きる道を模索するための学びとは何かを検
討する。

　さらに、最後の終章では第4次産業革命時代の社会教育の課題を論
じる。

第 1 章

社会変化と社会教育の研究

第 1 節　社会変化と社会教育に関する議論の動向

　社会教育研究は産業革命、農業近代化やデジタル革命のような社会変化のなかで能動的に対応する人々を形成するために必要な学びは何かに取り組んできたという歴史がある。このような歴史をふまえると、本研究で注目している第 4 次産業革命という社会変化に対応する学びも社会教育研究の枠組みにおいて重要な意味を持つと理解できる。したがって、本章では、第 4 次産業革命という社会変化に対応するための学びの意義を検討する前に、まず、社会教育研究における社会変化に対処する学びとは何かを理解する上で必要な社会教育研究の理論枠組みを考察する。

1.　社会変化と社会教育理論の枠組み

　社会変化と関連する社会教育の役割に関する研究は、①社会秩序を維持する役割と②社会変化の面での役割という二つに分けられて展開されてきた。研究者の論旨に基づいて把握すると、ノードハウグ（Nordhaug）は社会教育の役割を既存の社会的秩序に対する支持・不支持、または学習形態が個人的であるか、集団的であるかという判断基準に基づき区別した。ノードハウグによると、前者の視点（支持／個人的）の社会教育は現在の社会的状態を維持する役割を果たすことになる。一方、後者の視点（不支持／集団的）の社会教育は社会に内在する諸問題や矛盾に注目し、社会変化を促す役割を果たすものである。つまり、政治的・社会的変化が急激に進む今日の状況をふまえると、社会教育の使命は、学習者を現在の社会的状況に適応させ、安住させるだけにとどまらない。社会が抱える様々な問題を克服し、社会変化を促す役割を担うことも重要な課題であるといえる（Nordhaug 1986）。

具体的に、前者の社会的秩序の維持という側面を見てみると、学習者個人における社会教育の役割に注目する必要がある。つまり、社会教育の役割のなかで最も優先すべき点としては、学習者個人の変化があげられるからである。これに同調する学者の主張を見ると、ベイティ（Beatty）は、「個人的変化が社会教育の始発点であり、終着点である」[10]と述べ、社会教育の意義は個人の変化を促すことであると説明している。また、ブルックフィールド（Brookfield）も、資本主義経済においては、個人と企業家間の自由な価値を共有することの重要性に着目し、「学習工学、自己主導的学習、個人の要望に応じる学習サービスの提供を志向」[11]することが社会教育の役割であると主張している。すなわち、前者の社会的秩序を維持するための社会教育の役割のめざすところは、学習者個人の変化であり、そのための学習者個人の要求に応じることであると理解できる。

　一方、後者の社会変化に焦点をあてて社会教育の役割に注目した「ヒーニー（Heaney）」によると、社会教育は「社会条件を形成し、変化させるための行為」[12]であり、この点が社会教育の重要な論点であると指摘している。補足すると、社会教育は、学習者個人に対する学習サービスを提供し、個人の学習ニーズに応じるだけでなく、社会問題に対する学習者同士の問題意識の共有を目的とする側面もあると説

---

10) P.T. Beatty. (1992) The undeniable link: Adult and continuing education and individual change, In M.W. Galbraith and B. Sisco eds., *Confronting Controversies in Challenging Times: A Call for Action, New Directions for Adult and Continuing Education*, No.54. Sanfransisco, Jossey-Bass, p.23.

11) S.D. Brookfield. (1989) The epistemology of adult education in the United States and Great Britan: A cross-cultural analysis, In B. P. Bright ed., *Theory and Practice in the Study of Adult Education: The Epistemological Debate*, London, Routledge, p.150.

12) T.W, Heaney. (1996) *Adult Education: From Center Stage to the Wings and Back Again*, Information Series No.365, Columbus, O.H.: ERIC Clearinghouse on Adult, Career, and Vocational Education, p.13.

明されている[13]。学習者が個人的な問題に対して協同的学習実践を遂
行することによって、集団的行為へ転換させるといった性格も、社会
教育は内包していると理解できる。

　ヒーニーと類似した視点から社会教育の役割を把握した「グリフォ
ン（Griffin）」は、社会教育において学習者個人に焦点をあてることは
可能であるが、個人学習に焦点を置く社会教育の問題は、「個人的な
成長と変化に関わる歴史的、経済的およぶ文化的要因を含む社会的要
素が欠落している」[14]ことであるという見解を述べている。ヒーニー
が問題視しているのは、学習者個人中心になることで社会問題に対す
る認識が欠如しがちであるということである。さらに、個人の学習要
求に焦点をあてる個人主義的社会教育は、「本来の使命を果たしてお
らず、我々の社会が直面している不平等と社会的格差を克服するた
めの社会変化に必要な社会教育の役割を放棄している」[15]と指摘した。
以上の研究者の見解では、社会教育の役割は、社会変化に関わる学習
の推進であるという結論につながる。これらの研究者の意見は、今日
の社会教育は、能動的に社会変化に対処することが社会教育の特質で
あるととらえている。

　社会教育の理論研究における上記の流れは、学習者個人に重点を
おいた社会教育の理解にもとづく研究と、社会問題に焦点をあてて
その問題の克服を目的とするものとして社会教育を位置づけた研究に
区分することができる。さらに、社会教育の理論研究の枠組みに含
まれてはいないが、社会学の視点から社会教育をとらえた「マヘン
ゾ（Magendzo）」の研究も、社会教育における社会変化と社会問題に

13）Ibid.

14）C, Griffin.（1991）, A Critical perspective on sociology and adult education, In J. M. Peters and P. Jarvis, and Associates eds.（1991）*Adult Education: Evolution and Achievement in a Developing Field of Study*, San Fransisco: Jossey-Bass, p.273.

15）Ibid.

関する学習の役割という側面からみると検討する必要がある。マヘンゾは、個人に焦点をあてた社会教育と社会に焦点をあてた社会教育を、社会移動（social mobility）のための社会教育と、社会動員化（social mobilization）のための社会教育と位置づけて説明している。

　社会移動（social mobility）のための社会教育とは、「生産活動を営為するための訓練を一次的機能」[16]であると定義されている。社会移動は、個人および集団が、より上位の社会階層へ移動する過程を表しており、「政府体制は、教育を社会移動のイデオロギーを促進させる道具として利用している」[17]とした。たとえば、職業入門段階にいる労働者が、教育を通じて会社の管理職に昇進（つまり移動）することを夢見ることのようなものが社会移動の典型的な例である。

　一方、社会動員化（social mobilization）のための社会教育は、「民主的社会を実現する上で重要な役割をする市民のエンパワメントである」[18]と定義されている。そして、この定義に基づくと教育の一次的目標は、「社会構造の再編であり、その際、社会分裂を防ぐとともに社会統合を実現するため、教育にとっては個人と地域の社会的連携が重要になってくる」[19]と指摘されている。

　上記の二つの区分を整理すると、社会移動と社会動員化の目標は実に対照的である。社会移動の目標が、個人がある社会階層から他の社会階層へ移動することだとすれば、この移動の過程で個人は自らが帰属していた階層に対する帰属意識を失うときがある。一方、社会動員化の目標は、個々人の力量を形成すると同時に、集団内の結束を強化することで集団の力量を集合させることを意味する。

---

16) S, Magendzo.（1990）Popular education in nongovernmental organization: Educations for social mobilization?, *Harvard Educational Review*, 60（1）, February, p.49.

17) Ibid.

18) Ibid., p.50.

19) Ibid.

　また、社会教育理論をめぐるこうした研究は「個人」と「社会」という視点から、社会教育に関する理論的立場とも関連があり、認識の違う二つの立場に分けられる。「一つは新自由主義の理念に共鳴する人的資本論の立場であり、もう一つは社会教育を市民参加と代表される社会民主的な視点からアプローチしようとする立場である」[20]。前者を人的資本論の視点から社会教育として理解した場合、学習を市場と人的資源への投資としてとらえているため、学習を経済的活動の営為に制約する問題がある。そのため、個人と社会を統合し、社会的参加を促す要素として学習を位置づけるという後者の立場が、今日の社会問題を克服する上で重要であると理解できる。

　現実に、「グローバリゼーションが進むなか、生存の問題が社会教育のなかでの重要テーマとして浮上することにより、社会的・政治的問題の解決を目的とする学習への関心は薄れる」[21]ようになった。そして、代わりに個人主義的価値が注目され始めたのである。個人が生存するために持続的な学習が重要であるという認識は当然といえば当然だが、具体的に何を学ぶかという点に焦点が偏りすぎると、個人の生存に重きをおくあまり社会的価値は軽く扱われる。すなわち、国家および社会、地域社会の問題よりも、個人の問題が優先される。そのため、個人の学習要求と責任が徹底的に追求され、社会教育においても自己主導的学習、自発的学習が強調され、個人が学習対象としてつねに注目を浴びることになる。

　こうした個人に焦点をあてる社会教育の研究は、個々人の能力による生存を強調することにより、学習者間の連携と地域の共同体の活用

20）S. Walters.（1999）Lifelong learning within higher education in South Africa, *International Review of Education*, 45（5-6）, November, p.575.

21）S.J. Ball.（1999）Learning and the economy: A "polity sociology" perspective, Cambridge Journal of Education, 29（2）, pp.195-196.

という価値を等閑視するために、社会的不平等と排除をもたらす可能性がある。この認識からいえば、社会問題の克服のために社会参加を実践できる人々を形成する社会教育が課題であるといえる。

2．社会教育の経済的・道徳的機能に関する考察

　社会教育の理論の発展過程からみると、社会教育は二つの本質的な機能を内包していると考えられる。一つは社会経済的発展と関連する経済的機能であり、もう一つはよりよい社会の創造のために、学習者が社会的規範と精神を涵養することを目的とする社会的・道徳的機能である。これら二つの機能の性格を具体的にみてみよう。

　社会教育の経済的機能と役割は、「シュアン（Xuan）」の区分によると、以下の三つの側面から説明できる。第一に、社会教育は、労働力の再生産として、多くの熟練技術労働者を必要とする社会体制のなかで科学的かつ文化的な現代化された知識を身につけることが労働者の学習課題であるという認識である。すなわち、社会教育は労働力の再生産の本質的条件となるというとらえ方である。第二に、社会教育は科学・技術工学の発達のために科学・技術教育などの広範な社会教育の実践を可能にし、学習者が直接習得した内容を活用できるよう、科学・技術の発展に間接的に寄与するという理解である。つまり、科学・技術工学の発達過程のなかで、社会教育が労働水準の向上を可能にし、新商品の開発、品質の向上に貢献することが期待されているのである。第三に、社会教育は科学的経営管理を促すものとして、人的資源の管理と専門的訓練を実施することで、生産力向上のための科学的経営を支える役割を果たしているという認識である[22]。

22）Xuan Cheng Xun.（1994）Exploration of the two essential functions of adult education and its evolution in China. *The Adult Education Quarterly*, 44（2）, pp.103-105.

　一方、社会生活水準を向上させる社会教育の社会的・道徳的機能の立場と役割も、以下の三つの側面で説明できる。第一に、人々の学びはその社会の文化的水準と関連性があるということである。また同時に、学習者のイデオロギーや道徳は、若い人々に対する影響力を持ち、家庭や地域社会における政治的議論や社会問題に関連する視点の提示とも関連している。社会教育は、社会における無知やモラルの低下を防ぎ、社会問題への関心を向上させる役割を担うという見方である。第二に、社会教育における教授・訓練などの教育的指導による学習者が形成されるよりも、学習者自身が持続的な道徳教育と政治教育の経験を積み重ねた上で反省的思考を身につけることである。そして、そうすることで、自らの学習機会の獲得、社会問題の克服や能動的な社会参加を実現できるようにすることが、社会教育の社会的機能であるという考え方である。第三に、社会教育における啓蒙的役割である。社会教育の研究者は、発展途上国の人々の学びに注目し、これらの国々では学びのファシリテーターが社会的弱者に対する特定のイデオロギーや知識を伝えることによって、学習者が受動的な立場にたち、学びのファシリテーターから伝授された社会規範を身につけるようになるという問題があると指摘している[23]。

　ただし、ここでは、社会教育が内包する経済的機能と社会的・道徳的機能の性格を個別に論じるのでなく、社会と個人へ焦点を合わせながら、社会教育における次の二つの機能の意味を探る。

　まず、経済的機能の性格をそなえた社会教育は、①社会教育の活動の焦点が個人にあてられる場合と②社会にあてられる場合によって社会教育の意義と課題、という両義的特徴がある。たとえば、①企業の

23）Ibid., pp.105-108.

場合は雇用のための職業教育、②人的資本の開発のための教育と③制度化された専門教育は、個人の持続的な雇用可能性を維持し、さらに社会移動を実現できることを促している。

　しかし、実際には、個々人の能力や経済的・社会的状況の格差という条件が考慮されないまま、すべての人々に教育を受ける必要性が強調され、その結果、相対的に不利な経済的状況におかれている人々にとっては現状から脱出することがさらに難しくなりつつある。すなわち、経済的機能の性格を内包している社会教育において、雇用の拡大と人的資本の活用という目的のもとで学習機会を拡大させることは必要であるが、個々人が置かれている状況を考慮することなく教育の必要性のみを強調するのは問題があると考えられる。

　次に、社会・道徳的機能の性格を内包している社会教育を、個人と社会に焦点をあてる視点を踏まえて見ると、上記の経済的機能の性格を内包している社会教育とは異なる特徴を持っていることがわかる。社会・道徳的機能を内包している社会教育では、人的資本として学習者を把握するより、人間の価値を実現し、社会変化に貢献可能な市民意識の形成に重点をおいていると思われる。経済的機能の社会教育が、個々人の自己責任と教育への自由な選択を重視することで、民主主義と市民社会における個の実現に着眼したこととは対照的である。また、社会・道徳的機能の社会教育は、個の自己責任による能力の向上という視点からは解決が困難な問題、例えば、失業者、障害者と高齢者のための社会福祉と関連する問題に注目してきた。前者の個人の自己責任と要求に応じる経済的機能の社会教育は、学習者を現状にいかに適応させるかに焦点を当てている。しかし、後者の社会・道徳的機能の社会教育は、現状を改善するために必要な教育・学習活動に重点をおき、社会変化のための能動的な社会教育の必要性に注目している。以上の二つの社会教育の機能的

性格、そして、社会・個人に焦点をあてる社会教育の特徴を整理すると、次の表1のようにまとめることができる。

表1　社会教育の理論を考察する分析軸

	社　会	個　人
経済的機能	科学・秘術発展のための教育、企業の雇用創出の職業訓練、人的資源開発、制度化された専門化教育	個人の生存（持続的な雇用可能性）のための教育、社会移動のための教育
社会・道徳的機能	社会変化のための教育、参加民主主義・市民社会を実現するための能動的市民の形成の教育	個人の自己責任や能力向上のための教育、失業者と障害者に対する社会福祉的教育

（筆者作成）

　上記の内容からみると、社会変化と社会教育の理論的枠組みの関連性は、社会教育は社会変化によって生じる様々な問題に焦点をあててきたことがわかる。つまり、社会教育の研究の理論枠組みは、社会変化のなかで発生する問題を解決するための一つの重要なカテゴリーであり、本研究の問題意識である第4次産業革命が社会変化という一つの動向であるとすると、社会教育の枠組みの中で論じることは、理論的枠組みの中で適していると考えられる。

第2節　社会変化に関連する社会教育の動向

1．社会変化に関する教育として社会教育

　社会教育の概念は世界各国の事情も異なり、一言で明確に定義するのは難しい。そのため、その概念を、広義と狭義、社会教育に対して先進的に取り組んできた国々における定義、ユネスコ（UNESCO）に

代表される国際的社会教育の観点からの定義、生涯学習の概念と関連する社会教育の概念という枠組みでとらえて論じる必要がある。

　歴史的にみると、社会教育は、中流階層の成人を対象とした自由教養教育（liberal education）の意味として使われてきた。イギリスではまた、民衆のための教育として民衆教育（popular education）、労働者教育（workers education）の用語が一般的に使われていた。一方、アメリカでは、1920年代に入ってからアメリカ社会教育協会が設立され、自由教養教育に重きをおく狭義の意味の社会教育（adult education）が使われ始めた。さらに、「カーネギー財団の介入と1924年以降の社会教育の保守的性格の拡大は、社会教育の性格を市場メカニズムに敏感な機能主義へ変え、そのなかで主に使われた用語が、家庭教育、民衆教育と大学拡張であった」[24]ことから見ると、用語が明確に定義されることはなく、多様な意味で使われた。

　しかし、一般的には、社会教育は成人を対象とするあらゆる形態の教育活動の総称であるため、フォーマル、インフォーマルとノンフォーマルな教育が含まれると同時に、自由教養教育から職業教育（vocational education）まで包括する概念として認識されている。そして、ユネスコを中心として、欧米（特にイギリス）では、自由教養教育の議論を含む国際的な議論が展開され始めた。ユネスコ国際社会教育会議は、政府機関、研究機関、財団やNGOなどの組織を代表する人々で構成されている。社会教育の概念に対する国際的理解の必要性が認識され始めたことがきっかけとなって、ユネスコを中心に議論が活発化したのである。1976年の第19回ユネスコ総会における「社会教育の発展に関する勧告」では、社会教育の定義が次のように記されている。

---

24) H. W. Stubblefield and J. W. Rachal. (1992) On the origins of the term and meanings of adult education in the United States, *Adult Education Quarterly* 42 (2), p.106.

　社会教育は、内容、段階および方法がいかなるものであろうとも、正規あるいはその他のものであろうとも、学校・大学ならびに見習い期間における初期教育を延長するかまたは代替するかにかかわりなく、組織された教育過程の全体を意味する。自己の所属する社会によって成人とみなされる人々は、この組織的な教育過程をつうじてその能力を高め、知識を豊かにし、技術的、職業的な資格を向上させ、あるいはそれらを新たな方向に転換させる。また、そこにおいて人格的発達と、バランスのとれた自立的社会・経済・文化的発展への参加という二重の展望に向かって自らの態度・行動を変革する[25]と定義されている。すなわち、社会教育の内容、段階、方法およびフォーマル、インフォーマル教育形式に関係なく、成人に適用される全教育過程を説明する総体的概念[26]としてその概念を説明しているわけである。そして、戦後開催されるようになったユネスコ国際社会教育会議からみると、第 1 回エルシノア会議（1949年）以降、国際社会の変化のなかで社会教育の概念を含め、生涯教育、生涯学習に至るまで、様々な概念に対する議論を行った。そして、社会教育の概念に対する理解をユネスコ国際社会教育会議の歴史的変遷からみると、以下の表 2 のように整理することができる。

25）永井憲一監修『教育条約集』三省堂1987年、p.170. を参照した佐藤一子訳。出典は、佐藤一子（1998）『生涯学習と社会参加』東京大学出版会、p.51.から再引用。

26）UNESCO. Recommendation of the Development of Adult Education, General Conference of UNESCO, 19th session, Nairobi, 26 November, 1976. by trans, Cha-gapbu（1998）*Open Society and Adult Education*, Seoul, Yangsu-won, 1998, p.49.

表2　ユネスコ国際社会教育会議の年代的区分

区分	第1回	第2回	第3回	第4回	第5回
開催年	1949年	1960年	1972年	1985年	1997年
開催場所	エルシノア	モントリオール	東京	パリ	ハンブルク
参加国	25カ国（79名）西ヨーロッパと北米主導	51カ国（112名）共産圏国家および国際機関、NGO参加	85カ国（400名）42の国際機関参加、発展途上国の参加増加	122の会員国、非会員国、国際協力団体（841名）	全体130の会員国、非会員国、国際協力団体、NGOなど（1507名）
時代的背景	第2次世界大戦の余波	脱植民地化	冷戦	経済状況の悪化	グローバリゼーション
意義	社会教育分野の世界的結束を求める	生涯教育の理念の台頭	会員国間の社会教育関連規定の整備、社会教育普及活動	学習権宣言	持続可能な発展と平和、環境、ジェンダーという社会教育における国際共同課題の認識
特徴	民主主義の実現と市民性、職業教育、自由教養教育	識字教育、平和と社会教育、技術教育	生涯教育における社会教育の位置づけ、社会・経済的発展と社会教育の役割、経済的格差により恵まれてない学習への学習機会の関心	1972年以降の社会教育の発達論議、生涯学習における社会教育の役割、社会教育の発展のための国際的・地域的協力	生態的発展とともに人間の尊厳のための社会教育、21世紀の社会教育の役割と可能性

（W.S. Lee（2000）*The research for sustainable development of Lifelong education*, Korean Educational Development Institute, p.84.）

　上記のように内容からみると、社会教育はユネスコの国際社会教育会議における議論の変遷を経て、フォーマル、インフォーマル、ノンフォーマルの教育と継続教育などを総体的にとらえた上で、社会変化に能動的に対処する市民を形成する教育として、国際的に理解されている。ここでは、社会教育の概念の歴史的変遷を踏まえながら、社会変化への対応に必要な社会教育の役割を検証する。ただし、そのためには、本文の中で日本の生涯学習の概念、韓国の平生教育の概念をあえて使わずに、社会教育の概念を選んだ根拠を説明する必要がある。

　日本では歴史的に社会教育という用語が広く使われてきたが、1980

年代以降、生涯学習の概念が提唱されるようになり、「社会教育」と
「生涯学習」の言葉が混用されている。しかし、実際には、社会教育
と生涯学習の概念にはそれぞれ異なる意味合いが含まれている。その
ため、本書のタイトルに社会教育の概念を用いている以上、両概念の
性格を今一度確認しておく必要がある。

　戦後、日本における社会教育の概念を理解するなかで、社会教育研
究における宮原誠一の学説に注目する必要がある。宮原は「社会教育
の本質」という論文のなかで、社会教育を「社会通念としての社会教
育」、「法概念としての社会教育」、「歴史的範疇としての社会教育」に
分けてとらえた[27]。宮原はこれら三つの区分にもとづき、社会教育を
学校外教育（家庭を含む）として位置づけることで、社会教育の概念
の曖昧さを指摘した。佐藤は、「宮原の社会教育の本質に対する理解
は、歴史的範疇としての社会教育を、近代学校制度に相対する発達形
態に即して把握し、学校と社会教育の全体的な再編において社会教
育の再解釈する価値志向的な社会教育本質論」[28]としてとらえている。
つまり、佐藤の理解は、宮原の社会教育概念に関する学説を、「戦前
からの社会教育の『ごった煮的な性質』を克服し、歴史的に社会教育
の発達形態」[29]として把握している。そして、その結果、宮原の社会
教育の本質に関して、佐藤や著者のように戦後の宮原研究室の理念を

27）宮原誠一（1977）「社会教育の本質」、宮原誠一『宮原誠一教育論集』第二巻
　　（社会教育論）国土社、pp.7-15.
28）佐藤一子、*op.cit.*, p.40.
29）宮原は前掲書の同論文（pp.15-24.）のなかで、社会教育の発達形態を、①学校
　　教育の補足として、②学校教育の拡張として、③学校教育以外の教育的要求
　　として、三つの形態で区分している。社会教育の本質を、社会教育の機能的
　　視点からとらえたと理解できる。しかし、このような発達形態から、宮原は
　　民主主義の発展という歴史的潮流が社会教育の発達形態の基底に内在してい
　　ると指摘しながら、社会教育を機能的に説明しながらも、民主主義という理
　　念的価値を社会教育という教育形態と関連づけようとしたと考えられる。

継承する研究者の間では、社会教育とは、戦後民主主義の実現という目的のもとで社会教育の本質をとらえようとしている。また、碓井正久も、社会教育の歴史的本質に対して、「官公庁の教化事業」[30]的な啓蒙的かつ社会教化的ともいえる日本の社会教育の特質と無関係とはいえないととらえている。このような研究史の視点から見ると、社会教育の本質に関する宮原の学説は、学校教育と関連する社会教育の機能的側面を歴史的にとらえ、戦後の民主主義の発達過程のなかに社会教育を位置づけたことが意義であると思われる。

　社会変化に伴い、社会教育の概念も新たな解釈が必要とされてきた。1970年代に入って、小川利夫は「権利としての社会教育」を主張し、学習者主体論および社会教育実践分析を中心とする社会教育の機能が時代的潮流を形成した。小川は、社会教育の概念を、フォーマル、インフォーマルを含む組織的な学習活動、学習主体が学習権という権利的行為としての自己教育活動の性格を持つものとして理解した。さらに、小川は社会教育の本質的な特徴は、個人よりも社会に焦点をあて、民主的社会を実現するという価値規範が強調した（小川 1973）。

　ただし、この時期の社会教育に対する理解は、実践と権利の視点から捉える見解が主流となっていたため、個人と社会の調和、行政と社会運動の協力という関係よりもむしろ対立的関係としてとらえられ、市民の学習が行政と社会運動間の葛藤関係の枠組みのなかで行われるという把握する傾向があった。

　一方、1960年代にラグランによる生涯教育の言葉が提唱されて以来、1981年に中教審答申「生涯教育について」が出されることにより、1980年代から「生涯学習政策」[31]が推進される過程で「生涯学習」と

30）碓井正久（1994）『社会教育の教育学』（碓井正久教育論集 I ）国土社、p.11.
31）生涯学習政策を時期別に区分すると、次のような特徴がある。①「1981年の中教審答申『生涯教育について』：「人間の乳幼児から高齢期に至る生涯のす

いう言葉が広がり始めた。ただし、日本では1970年代から、生涯学習の概念定義をめぐる二つの対照的な視点から議論が行われた。

　その視点とは、第一に、国民の学習権として生涯学習をとらえた見解である。学校教育制度のなかでの義務教育だけが国民の権利ではなく、労働者を中心とする国民の教育権・学習権の立場から成人の教育の体制を構築すべきであるという考え方である。さらに、職業訓練も社会教育の一環として位置づけられ、国民の教育の権利として保障されなければならないとする。つまり、生涯学習も、学校教育と同様に、国に対して国民が権利として要求できる教育であることを意味する[32]。

　べての発達段階に即して、人々の各時期における望ましい自己形成を可能にする方途を考察するとともに、家庭のもつ教育機能をはじめ、学校教育、社会教育、企業内教育、民間の各種の教育・文化事業にわたって、社会に幅広く存在する諸教育機能を生涯教育の推進の観点から総合的に考察する」という基本的方針を打ち出した。代表的施策としては、『社会に開かれた学校』の施策が促進されたのである。すなわち、高等教育機関が社会教育者を受け入れ、体系的な学習機会を提供する機会を増加したことなのである。」②1986年、第 2 次臨教審答申「生涯学習の組織化・体系化と学歴社会の是正」では、「新しい柔軟な教育ネットワーク」の構築を打ち出したのである。「新しい柔軟な教育ネットワーク」とは、「家庭教育、学校教育、社会教育、職業能力開発、新聞・出版・放送・情報サービス・研究開発のためのシンクタンク・カルチャーセンター・塾などの情報・教育・文化産業などによる教育活動を、人間の各ライフステージとの関連において総合的なネットワークとして」とらえた体系である。この政策の意図は、学校中心主義からの脱却し、学歴ではなく、質を重視する生涯学習社会の建設の方途を示すことであったといわれている。③1990年代に入っては、「生涯学習振興法整備法」が制定され、この法律にもとづき、"生涯学習審議会"が設置されるようになった。それ以降は、次々様々な問題に対する答申が出されるようになったのである。その答申のなかで議論された点を整理すると、a 社会人を対象としたリカレント教育、b ボランティア活動の支援・推進、c 青少年の学校外活動の充実、d 現代的課題に関する学習機会の充実という四点をあげられる。

32）宮原誠一編（1974）『生涯学習』東洋経済新報社、小川利夫（1973）『社会教育と国民の学習権』勁草書房を参照。そして、リカレント教育および職業教育に焦点をあてた人的資本の活用と企業教育における生涯学習の可能性に関して検討した「財界および経済界」の視点にもとづいた生涯学習の理解に対

第二は、財界・経済界における生涯学習に対する認識である。高度経済成長期ということもあって、産業社会のビジョンの一つとして、生涯学習の枠組みなかで位置づけられた「リカレント教育」が提唱された。具体的には、財界は、生涯学習の「いつでも、どこでも、だれでも学べる」という点に注目した。そして、学校を修了した後も労働や余暇生活と学習機会への立ち戻りが交互にクロスし、生涯にわたって学習が継続されるシステムを意味する「リカレント教育」の可能性を探ったのである。

　上記の認識にもとづいてさらに分析すると、生涯学習の概念は本質的に二つの特徴があるといえる。第一の特徴は、生涯学習が社会より個人の自己教育に焦点をおいた上で、社会の変化に適応する上での学習活動の推進や支援、そして、子どもから成人までの学習社会の実現をめざす意図を含んでいるというものであり、そのため制度化された展開が必要だということである。

　第二の特徴は、市民の自発的な学習要求による自己啓発の推進である。つまり、自発的学習を展開する時、その学習内容は教養から専門的技術習得までと幅広くなるため、学習機会も公的学習施設から民間の学習施設にいたるまで選択肢が多くなる。これと同時に、子ども、高齢者、社会的弱者に関係なく、すべての人々が学習意欲にもとづいて生涯にわたり学習活動を営為することを可能とする権利の一つとして位置づけられるようになった。したがって、生涯学習の概念においては、格差が生じたり排除されたりすることなく、学習の権利が保障され、個々人の自己啓発のための学習が持続的に行われ、最終的には参加型社会の土台が形成されることが課題として認識されるようになった。

　しかし、従来の生涯学習の概念の本質的な特徴は、個人に焦点をあ

　する区分は、佐藤（1998）に依拠している。

てた学習を通じて社会問題の解決に取り組み、社会変化のために行動することを可能にする学習というよりは、むしろ個々人が社会変化に適応するのに必要な能力を身につけるために、持続的な学習を遂行するというところにあった。その概念には、社会変化に対して「能動的に」対処するための学習ではなく、「適応」という受動的な形態にとどまらざるを得ない限界があったのである。そして、以上の内容をふまえて、社会教育の概念と生涯学習の概念の差異を整理すると次のように説明できる。

　前者は社会変化に対応する教育の経済的機能に対する理解と、個人の学習による能動的市民の形成をめざす学習の自由という側面の議論が十分でなかった。そのため、権利と民主主義の実現という今日の政治的課題の観点から、概念を再考する必要があるだろう。一方、後者は、社会教育の社会・道徳機能の視点が欠けており、経済的機能が重視されすぎたという問題がある。その結果、社会的弱者のための積極的学習支援と、社会問題を克服しようとする学習の意義に関する議論が十分ではなかった。

　両方の概念の本質的限界を踏まえた上で、社会・道徳機能の視点から国際的な社会教育の概念の定義を確認すると、「社会教育の目的は教育過程における学習者の行動変化であり、社会・政治・文化の矛盾に対する市民の意識を変革させるための成人の学習」[33]であると把握できる。このような国際的な社会教育の本質的意味合いに基づき、本研究では、社会変化に能動的に対処する学びの意義を考察する。

---

33) G.G. Darkenwald and S.B. Merriam.（1981）Adult Education: Foundations of Practice, Ty Cowell Co. p.51.

２．社会変化と社会教育の目的

　社会教育の概念は、経済的機能と社会・道徳的機能、個人・社会の
うちどの側面に焦点をあてるかによって認識が異なる。また、社会変
化に対応する市民を形成するのに必要な社会教育の役割を論じるため
には、社会教育の目的を理論的に考察することが不可欠である。その
ため、まず、下記の視点から社会教育の目的を分類してみたいと思う。

　自由主義的観点から推進される社会教育の場合、価値ある知の習得
と共有を目的としている。個人主義的社会教育の視点は、自己決定学
習を行う学習を意味しており、この場合、自己実現および自己啓発の
ための学習が目的であるといえる。急進的な社会教育の視点からいえ
ば、個人の自己啓発にとどまることなく、社会的責任を果たす市民の
形成と国際化の潮流に能動的に対応するための学びの価値を実現する
ことが社会教育の目的であるといえる。

　ここで、社会教育の目的を研究者の論調によって機能的に分類し
た「ブライソン（Bryson）」の学説について触れておく。彼は、社会教
育の目的を、教養的、業務的、関係的、改善的、政治的目的の五つ
に分類する[34]。ブライソンによると、第一に教養的目的としての社会
教育は、人文、社会科学と自然科学の学習を通じて学習者の教養を増
進させることである。教養的目的を重視する社会教育は、知識そのも
のに価値を示し、教養や知識を身につけることに成人の学習の価値
をおいている。この見解に同調する学者は、ブライソン、グラタン
（Grattan）などがいる。第二に、業務的目的としての社会教育は、職
業訓練、キャリア開発、企業内教育における生産性の向上などを含む。
こういった社会教育の目的は、職業訓練とOJT、Off・JTなどの教育形
態を重視する人的資源開発（Human Resource Development）と関連をもっ

34）S.B. Merriam and R. G. Brockett. (1997) The Profession and Practice of Adult Education, SanFrancisco, Jossey-Bass, pp.17-22.

ている。特に、「アップス（Apps）」は、キャリア開発が社会教育の重
要な目的であると考えた。第三に、関係的目的としての社会教育は、
個人の自己啓発、人間関係の改善などを含めている。この目的の場合、
余暇学習、人間の成長・発達による学習活動などを意味する。グラタ
ンは、成人の学習に対する情報提供と余暇・娯楽活動としての学習の
意義を、社会教育の目的としてとらえた。第四に、改善的目的として
の社会教育は、人間の基礎生活に必要な知識および技術を習得するこ
とである。このような目的を持った社会教育は、資格習得、社会教育
基礎プログラムなどの制度的社会教育の性格と関連している。第五に、
政治的目的としての社会教育は、民主主義社会における市民の社会的
責任、文化的格差に対する批判と社会運動的行為を裏づける学習を意
味する。たとえば、社会的マイノリティーのために市民性を形成する
教育、社会問題に関する地域共同体の学習がある。これら五つの社会
教育の目的を整理すると、以下の表のようになる。

表 3　研究者による社会教育の目的の区分形態

Bryson	Grattan	Liveright	Darkenwald Merriam	Apps	Rachal	Beder
人文教養的	人文教養的		知の習得		自分教養的	
業務的	職業教育	職業訓練	個人的・社会的向上	キャリア開発	職業訓練	職業訓練・変化への対応
関係的	情報提供・余暇・娯楽	自己実現・自己啓発	自己啓発	個人的成長	自己啓発	人間性の涵養
改善的				改善的	改善的	
政治的		市民的・社会責任	社会変革	文化的格差への批判・社会的行為		社会秩序の維持と適応
－			組織的学習の効果			企業内教育
－					学問的知識の習得	

（S.B. Merriam & R.G. Brockett.（1997）The Profession and Practice of Adult Education, SanFrancisco, Jossey-Bass, p.19.）

以上からわかるように、人文教養的学習と自己啓発という個人や経済的機能を重視する社会教育の目的から、政治的目的へと、政治性の比重が高まっていく変遷が確認できる。つまり、社会に焦点をあて、社会変化に能動的に対応するために必要な政治的目的としての社会教育が今注目されていると考えられる。

第3節　社会変化と社会教育政策および実践研究の展開

1．社会変化と社会教育政策の研究

　社会教育理論の発展の流れをふまえると、社会教育は、二つの本質的な機能を有しているといえる。一つは、社会経済的発展に関連する経済的機能であり、もう一つは、よりよい社会を創るべく、社会変化に対応する市民性を形成するための社会教育としての社会・道徳的機能である。この二つが、社会教育の発展過程で形成された伝統的機能である。これらの機能にもとづき、社会教育の政策モデルの特徴を述べてみたい。

　社会教育と関連する政策形態を考察した代表的な研究者は「クィグリー（Quigley）」であった。クィグリーは、社会政策の一つとして社会教育を位置づけ、政策を三つの形態[35]に分類している。

　第一は、市場モデル（the market model）である。この形態は行動主義によって支えられ、北米における社会教育政策の伝統的形態となっている。市場モデルは、社会教育の政策を経済の成長に寄与する役割を果たすものととらえ、専門化教育（professional education）から職業活動のための識字教育（work-place literacy）にいたるまで職業主義的社会教育（adult education vocationalism）の政策を展開することをめざす形態

35）B.A. Quigley. (1993) To shape the future: Towards a framework for adult education social policy research and action, *International Journal of Lifelong Education*, 12(2), pp.117-127.

である。市場モデルを政策として推進していく過程においては、個人
主義と、政府の最小限の介入を前提としている。その結果、市場モデ
ルの政策下の成人学習者は、基礎教育、高等教育、職業教育において
成人学習者の責任（accountability）を必要とするようになった。この市
場モデルは、公的支援による社会教育であれ、民間機関によって実
施される社会教育であれ、学習の結果は経済的生産性の向上を目標と
し、同時に資本主義経済体制にもとづく」というものである[36]。資本
主義のパラダイムが社会教育に与える影響は、「①社会的正義（social
justice）を、下層の市民がより多い収入と財貨を獲得できるよう学習
機会の提供を可能にする要因とし、また社会的地位（social position）を、
市民の経済的地位を表す要因として性格づける」[37]ことである。また、
「②社会教育は主に学習者による費用負担で行われているため、資本
主義においては企業的、技術的と市場生産性の向上に影響を及ぼす要
因である」[38]ととらえている。

　第二は、進歩主義・自由主義的モデル（progressive-liberal welfare model）
である。この研究モデルの形態は、社会と個人の現在の状況を改善さ
せるための能動的かつ直接的な政府の介入を必要とする。例としては、
アメリカの1960年代半ばの社会プログラムがあげられる。

　しかし、1980年代以降から社会教育研究においては、社会の公平
性を考慮し、社会問題への能動的な対応を主張する研究者[39]から失業
者、障害者、ホームレースのための社会適応教育プログラムのような

36）H. Beder.（1987）Dominant paradigms, adult education, and social justice, *Adult Education
　　Quarterly*, 37（2）, 1987, p.107.

37）Ibid., pp.105-106.

38）Ibid., p.106.

39）P.M. Cunningham, International influences on the development of knowledge, In J. M.
　　Peters and P. Jarvis（1991）Adult Education: Evolution and Achievements in Developing
　　Field of Study, San Francisco, Jossey-Bass Publishers, pp.347-380.

社会福祉モデルの社会教育形態は不十分であり、むしろ現時点の社会問題を維持させ、将来的には悪化させていると批判された。それでは社会福祉モデルの社会教育の問題を解決するためには何が必要なのか。「ルベンソン（Rubenson）」は、「現在の社会組織における急激な変化に挑戦する能動的社会教育が要求されている」[40]と主張した。

　第三は、社会的再分配モデル（social redistribution model）としての社会教育である。このモデルの社会教育は、社会変化に能動的かつ積極的に対応しながら、社会変革・再建することが社会教育の重要な役割であるととらえた。このモデルの社会教育研究は、階級闘争的な視点から社会問題をとらえ、伝統的社会体制を再構築することまでを目的としている。さらに、この目的を実現するための社会教育の実践を強調している。この視点は、既存の社会秩序に対する支持・拒否という社会教育の立場を分類する上で、重要な論点となる。

　ノードハウグは、ノルウェーの社会教育を歴史的に分析する中で、既存の社会秩序に対する支持・拒否という立場の提示によって社会教育の学習実践が個人志向か、集団志向かが判断できるとして、以下の分類図式を示している。

表4　社会教育の社会的秩序に対する立場の分類

	既存社会秩序の拒否	既存社会秩序の支持
集団志向	I	III
個人志向	II	IV

（O. Nordhaug.（1986）Adult Education in the welfare state: Institutionalization of social commitment. International Journal of Lifelong Education, 5（1）, p.46.）

　ここで、Iは、社会秩序を集団的に拒否する社会教育の形態であり、

40）K. Rubenson.（1989）, The sociology of adult education, In J.S.B. Merriam and P.M. Cunningham eds.（1989）*Handbook of Adult and Continuing Education*, San Francisco, Jossey-Bass Publishers, p.51.

政治教育および過激な抵抗意識にもとづく階級闘争が例としてあげられる。Ⅱは、既存の社会秩序を個人レベルで拒否する立場をとった社会教育の形態であり、宗教的行動のなかで発見されやすいという特徴がある。Ⅲは、既存の社会的秩序の維持を支持する立場としての社会教育の形態であり、移民者および囚人などの既存の社会価値秩序への適応をめざす社会教育を意味する。Ⅳは、社会秩序の維持に焦点をあてると同時に、個人志向でもある社会教育の形態である。この形態の社会教育の目的は、個人の利益が成人の学習の最優先課題であり、学習実践も主に商業的社会教育講座によって実施される[41]。

　以上の四つの分類による社会教育の形態と社会的秩序に対する支持・拒否の立場を総合的にみると、社会的秩序を拒否するⅠとⅡは、個人志向であれ、集団志向であれ、社会改善、変化と変革を意図する立場であると理解できる。本書の研究の関連からいえば、既存の社会秩序に内在する問題に適応する市民の受動的な学びではなく、積極的に変化に対応していく能動的な学びを促すことが社会教育の役割に焦点をあてているため、ⅠとⅡの立場は、本研究の視点を裏づける理論的根拠の一つであるといえる。

　一方、「ポールソン（Paulston）」と「アルテンポー（Altenbaugh）」は、社会教育プログラムの目標について、社会変化を志向するレベル（高い・中間・低い）と、社会教育プログラムのコントロール面（プログラムを個人および体制のどちらがコントロールするか）という基準で、以下の図のように分類している。

41）O. Nordhaug. op. cit., pp.45-57.

表5　社会教育プログラムの類型分析

		社会教育プログラムのコントロール	
		個人	体制
社会変化のための成人教育の目標	高い	類型3 過激な変革主義の社会教育プログラム 人間解放のための闘争（ANC[42]、ETA[43]、 Black Panthers[44]、Weatherman[45]）と社会教育	類型4 急進的な構造主義の社会教育 革命的社会の理想 （中国、イラン、ベトナムなど） を実現とする社会教育
	中間	類型5 改革主義社会教育 大規模の漸進的な社会変化を追求するために 集団的に実施される努力としての社会教育 （消費者運動、市民権運動、環境運動、平和運動）	
	低い	類型2 消費者志向の社会教育プログラム 個人的成長、自己実現、 余暇教育、個人の自己啓発を目的とする社会教育の講座	類型1 伝統的な社会教育のプログラム 政府、企業、軍隊などで体制強化とより効率的体制運営のための社会教育

（P. Paulston & R. Altenbaugh.（1988）Adult Education in radical U.S Social and ethnic movements, in T. Lovett ed., Radical Approaches to Adult Education: a Reader, London, Routledge, p.119.）

　ポールソンとアルテンポーの社会教育研究の形態の分析は、上記の表5のように五つの類型をもとに行われている。各類型の特徴をみると、類型1は、企業、軍隊などの組織的体制の維持と効率化を実現す

42）アフリカ民族会議（African National Congress）である。1912年、ヨハネスバーグのアフリカの人々を中心に結成された「南アフリカ原住民民族会議」が1923年にANCへ変わったものである。この組織の目的は、アフリカの人々の権利の保護と主張を行う民族運動である。

43）「自由祖国バスク（Euskadi ta Askatasuna）」組織を意味している。同組織は、1959年に結成され、スペイン内のバスク族の分離と独立を主張しながら、テロの方法で目的を実現しようとするテロ組織である。

44）Huey P. Weton と Bobby Seale によって1966年に結成された抵抗団体である。白人が支配するアメリカ社会において平等な待遇と機会から差別され、排除されている様々様々な矛盾に対抗した組織である。そして、思想としては、マルコムエックスなどの影響を受けていた。

45）共産主義を支持する人々によって組織化された反体制地下革命組織（Weather Underground Organization）である。

るために実施されてきた伝統的社会教育プログラムである。類型 2 は、個人的成長、自己実現と余暇生活に焦点をあてる社会教育であり、消費者志向的な社会教育のプログラムである[46]。この類型 1 と 2 の形態の特徴は、社会問題の解決と社会変革に寄与する社会教育の役割という点からみると、寄与度としては最小限であるといえる。類型 3 は、個人の意識改革・啓蒙を既存社会秩序に対する闘争のために社会教育を活用する、人間解放のための過激な性格をもつ社会教育プログラムである。類型 4 は、既存体制を革命的社会へ転換するために社会教育を利用しようとする、急進的な社会構造変革の取り組みである[47]。つまり、類型 3 と 4 は、高い水準の社会的再構成を意図しているといえる。類型 5 の特徴を見ると、社会変化を志向する水準としては中間程度であるが、漸進的かつ能動的に社会変化を追求している。能動的市民の社会参加を実現させ、社会が抱えている問題に取り組む市民の形成を支える社会教育である[48]。

　五つの類型で区分された社会教育の形態はそれぞれ異なる性格を持っている。このなかで、ポールソンとアルテンポーは類型 5 の社会教育の形態を、「既存の社会秩序を変革させる上で、市民の社会参加を実現する社会教育」[49]として評価した。一方、「カニンガム（Cunningham）」は、今日の社会教育は、「社会変化の機能による参加型民主主義の実現というビジョンが失われている」[50]と記しながら、

46）P. Paulston and R. Altenbaugh.（1988）Adult Education in radical U.S Social and ethnic movements, in T. Lovett ed., *Radical Approaches to Adult Education: a Reader*, London, Routledge, pp.114-124.

47）Ibid., pp.124-132.

48）Ibid., pp.134-137.

49）Ibid., p.137.

50）P. M. Cunningham.（1995）US. Educational policy and adult education: social control, social demand, and professional adult educator participation, *Conference Proceedings of the 36th Annual Adult Education Research Conference*, Edmonton, Alberta, Canada, University

社会教育政策は、「専門化と現在の社会的再生産の構造と密接な関連があるため、参加型民主主義の実現をめざす役割を果たすために努力する必要がある」[51]と主張した。

　以上をふまえると、社会変化に対応する学びは、社会・道徳機能を重視する伝統的社会教育を継承しながらも、学習を通じて成人を既存の社会に適応させるよりも、社会変化に能動的に対応するために何を学び、どのように対処すべきかに焦点をあてていると理解できる。

2．社会変化と社会教育の実践的研究の展開

　社会変化という言葉には多様な意味が含まれている。既存の社会秩序の枠組みのなかでの変化（環境運動などの例）から、積極的に社会構造や社会秩序自体の変革を試みる社会変化まで、概念的には広義の解釈が成り立つ。しかし、本研究で重要なのは、社会変化に影響を及ぼす社会教育の役割とは何かということである。この問いに対する答えとしては、社会教育研究の学説のなかで二つの見解が出ている。

　第一に、社会教育は社会変化と直接的な関連がないとする見解である。これを支持する代表的な研究者としては、ポールソンとアルテンポーがいる。二人は、フィンランド移住労働者大学（Finnish Labor Colleges）とブラックファンダー党（the Black Pander Party）の社会教育の実践事例を取り上げ、社会教育の様々な類型を論じた。そしてこれら二つの実践を分析するなかで、「過激な社会運動を展開する過程で、社会教育は識字学習などの基本的機能の習得と消費者共同組合などの組織的運営には関わったが、社会教育そのものが社会変化に直接的な役割を果たすことはなかった」[52]と指摘した。すなわち、社会変化に

---

　　　of Alberta, p.86.

51）Ibid., p.87.

52）R.G. Paulston and R. J. Altenbaugh, op.cit., p.134.

結びつく社会教育の性格は、社会運動のなかで浮き彫りされただけに
過ぎないというのが二人の結論である。

　「メイオ（Mayo）」も二人の見解に同調している。メイオは、「社会
教育は、学習そのものが社会変化に関する内容を含んでいるとしても、
社会教育それ自体が社会を変革させるものではく、単に社会変革の
課題を提示するだけである」[53]と指摘した。また、「ザカラキスユッツ
（Zacharakis-Jutz）」もメイオと同じ立場をとっている。彼は、一般的に
「人々は社会教育そのものを社会運動と間違って認識している」[54]と主
張し、「教育そのものが社会運動とみなされるべきではない。教育は
むしろ社会運動の過程で知識を形成させる権力的手段である」[55]とい
う見解を述べた。つまり、社会教育そのものは、社会変化に直接影響
する社会運動的要素を含むわけではなく、社会変化を間接的に支援す
る要素であり、同時に、社会運動にも間接的に働きかける要素である
という意味である。

　一方、社会教育が社会変化に果たす役割を認める見解は、「ホール
（Hall）」の主張から読みとることができる。ホールは、「社会教育に関
する政治・経済的見地からいえば、事実上の社会変化において、社会
教育を単なる手段として扱うことは間違っている」[56]と主張した。彼
は、「社会的関わり、参加と政治的行動は、社会教育において新しい
ものではなく、数世紀にわたり形成された社会教育の本質的かつ内

53）M. Mayo.（1993）When does it work? Freire's pedagogy in context, *Studies in the Education of Adult*, 25（1）, p.4.

54）J. Zacharakis-Jutz.（1993）Highlander Folkschool and the labor movement, 1932-1953. Paper presented at the American Educational Research Association, Chizago, Illinois.（ERIC Document Preproduction Service No. ED 331 p.11.

55）Ibid.

56）B. Hall.（1978）Continuity in adult education and political struggle, Convergence, 11(1), p.8.

在的意味として理解している」[57]と言った。また、カニンガムも、社会教育を通じて社会変化が実現できるか否かという問いに対して楽観的な立場を示している。彼女は、「社会教育の教育者が、学習者に対して学習指導を行うことで、学習者が固有の知識を創造し、普及させ、正当化することが可能になり、その結果、学習者は社会変化を可能にする一定の役割を果たすことができる」[58]と述べた。学習する人々を教育者が支援することにより、社会変化の実現を少しでも可能にしているという認識に立って、社会教育を社会変化のための基本的な方法であると位置づけている。「オースリバン（O'Sullivan）」は、社会教育の実践的行動により、「社会レベルで実施されるプログラムを通じて社会変化が実現するだろう」[59]と予測した。「ホルフォード（Holford）」は、「社会教育には、民主的社会運動に寄与する一つの理念的意味が内在している」[60]と考え、「社会運動としての社会教育の衰退によって、社会教育運動の概念が持続的に使われることはなくなったが、社会運動と関連する社会教育の活動は重要な意味を持ち続けている」[61]と説明した。

　上記二つの見解をみると、社会変化と社会教育の関係をめぐる議論は、社会教育が社会変化を実現させるか否かという性質のものではない。両者の関係は、別々に議論すべきではないほど密接であるというのが正しいと思われる。この点について「フレイレ（Freire）」は、教育と社会変化という広義の視点から次のように分析している。

57）Ibid., p.15.

58）P.M. Cunningham.（1988）The adult educator and social responsibility, In R. Brokett ed., Ethical Issues in Adult Education, New York, Teachers Press, pp.133-134.

59）D. O'Sullivan.（1989）Social Commitment and Adult Education, Cork, Cork University Press, p.34.

60）J. Holford.（1995）Why Social movements matter: Adult Education theory, cognitive praxis, and the creation of knowledge, Adult Education Quarterly, 45（2）, p.95.

61）Ibid., pp.110-111.

　フレイレは、「我々が組織化（organizing）の過程に直面しているとき、その過程は教育的問題（educational problem）として認識される」[62]と言った。なぜなら彼は、「教育なくして組織化（organizing）は不可能であり、組織化過程において教育が行われる」[63]と理解しているからである。この理解のもと、フレイレは、社会変化のための革命的実践行為における教育と社会変化の弁証法的関係に注目した。つまり、上記の研究からみると、社会変化と社会教育の密接な関係を認識するからには、社会変化における社会教育の役割に関する具体的な議論がおのずから必要になってくる。この議論の依拠するところは、「社会教育がどのような社会変化を志向し、教育実践を試みているのかは、具体的に論議すべき問題である」[64]という認識である。また、社会教育は、それ自体が社会変化を実現させるものではないとしても、社会変化の過程における本質的な要素であることは認識しておかなければならないということを意味する。

　一方、学習実践の視点から社会教育理論の発達の歴史をみると、フレイレの見解は、二つの異なる種類の社会運動と関連して展開されてきている。一つは、個人的・経済的開発を強調する社会運動であり、もう一つは、社会変化、もしくは社会的行動化に関連する社会運動である。

　前者は、北米を含む先進工業国の伝統的社会教育のように、開発された技術を成熟させ、知識をそなえた個人を養成することによって、経済に寄与する教育を提唱するのが特徴であった。先進諸国は、「現在の国家が直面している社会的・経済的状況に焦点をおき、既存の社

62）M. Horton and P. Freire.（1990）*We Make the Road by Walking: Conversations on Education and Social Change*, B. Bell, J. Gaventa, and J. Peters. Eds., Philadelphia, Temple University Press, p.14.

63）Ibid.

64）T. Lovett ed. op.cit., p.302.

会パラダイムから脱落した人々を社会的に見放された存在」[65]とみなしてきた。社会教育の学習者には、「自らが目標とする結果に到達できるよう、より効率的に、技術を磨くために訓練する」[66]ことが要求されてきたのである。

　後者は、社会変化および社会的行動化に焦点をあてる社会教育の伝統たる社会運動である。前項で確認したように、社会教育は社会変化を引き起こす一つの要因とみなされてきた。つまり、「人々に対する教育は社会的な活動であり、技術などを磨く訓練活動だけでなく、学習実践過程を通じて社会的変化・変革に寄与するという伝統的意義をもっていた」[67]という理解である。

　社会を変えることに関心を示してきた社会教育は、変革的社会教育、平和教育、地域開発教育、社会教育、民衆教育、社会変革のための革命的社会教育、参加型民主主義の実現のための教育など[68]、多様な形態で実施されてきた。社会変化に焦点をあてる社会教育は、Johnston の表現を借りると「社会的目的（実践レベル）の社会教育（adult education of social purpose）」[69]となる。ここでいう社会的目的（実践レベル）の社会教育は、社会変化の実現のために普遍的に習得可能な知識を個人に提供し、特に、労働者が民主的に社会に参加し、市民として十分な役割を遂行すると同時に、社会的不平等を克服するための知的基盤を形成

---

65) S.B. Merriam and R.G. Brokett, op.cit., p.248.

66) Ibid.

67) P.M. Cunningham.（1989）Making a more significant impact on society, B.A. Quigley ed., *Fulfilling the Promise of Adult and Continuing Education: New Directions for Continuing Education*, No.44, San Francisco, Jossy-Bass, p.40.

68) M. Hart.（1990）Critical theory and beyond: further perspective on emancipatory education, Adult Education Quarterly, 40(3), pp.125-138.

69) R. Johnston.（1999）Adult learning for citizenship: towards a reconstruction of the social purpose tradition, *International Journal of Lifelong Education*, 18(3), May, p.175.

することをめざしている[70]。この教育が重視する価値目標の主なもの
は、社会的・経済的平等の実現、批判的民主主義の高揚と参加型社会
的民主主義の実現である。こういった目標は、フレイレが「世界を変
革させるための世界に対する反省であり、同時に行動である」[71]と述
べているように、目標を達成するための実践（praxis）の重要性を強調
している。ただし、実践レベルで推進するためには、「教授－学習者
間の対等的学習、問題提起型学習、批判的学習、対話による学習、学
習者間の信頼醸成、互いの文化に対する尊重という条件を満たすこ
と」[72]が重要であると指摘されている。つまり、前者の個人的・経済
的発展を強調する社会教育の伝統を継承している北米の社会教育は、
「ビーダー（Beder）」が指摘しているように、「他の地域の社会教育に
比べ、現在の社会秩序・体制を変革しようとする急進的な社会教育を
展開するまでは至らなかった」[73]。もちろん、北米におけるこの傾向
は、資本主義経済社会に適応するための社会教育の伝統として認識さ
れてきたが、「最近は、グローバリゼーション、南北格差の問題の深
刻化に伴い、社会的目的の社会教育の立場をとる認識が広がりをみせ
ている」[74]。ベック（Beck）は、現代社会には様々な問題が複雑に入り
組む危険社会であるとみなし、そういった社会的課題を克服するため
には、省察的近代化といわれる伝統的価値規範の脱構築が必要である

70）R. Fieldhouse. (1992) Tradition in British university adult education and the WEA, In C. Duke ed., *Liberal Adult Education: Perspectives and Projects*, Warick: Continuing Education Research Centre, University of Warick, pp.11-14.

71）P. Freire. (1972) *Pedagogy of the Oppressed*, Middlesex, Penguin, p.28.

72）R. Johnston, op.cit., p.176.

73）H. Beder. (1989) Purpose and philosophies of adult education, In S.B. Merriam and P.M. Cunningham eds., *Handbook of Adult and Continuing Education*, San Francisco, Jossey-Bass Publishers, p.37.

74）P.M. Cunningham. (1991) International influences on the development of knowledge, In J. M. Peters and P. Jarvis eds., Adult Education: Evolution and Achievements in a Developing Filed of Study, San Francisco, Jossey-Bass Publishers, pp.347-348.

とし、伝統の変化に焦点をあてた[75]。すなわち、社会的目的の社会教育においても、資本主義と既存の社会秩序に適応するための社会教育の役割という伝統的認識から脱皮せよと示唆しているのである。

　次に、現在の社会的目的の社会教育において問題とされている傾向を見てみよう。近年、個人的発展を重視し、資格取得を中心とする社会教育がさかんになっている。その結果、資格習得講座を中心とする生涯学習ビジネスが拡大しつつある。一方で、問題は、参加型社会を実現する土台になる社会問題をめぐる討議的学習が停滞したことである。

　私的領域における個人中心の社会教育の拡大と、伝統的公的領域における社会教育の停滞という現状をみると、私的・公的領域両方の社会教育の再構築の必要性が浮上してくる。個人と経済的発展を支える社会教育から社会的目的を支える社会教育へ焦点を移しながら、社会変化のための社会教育の役割を突きつめて議論することが要求されているのである。「ラヴェット（Lovett）」は、社会変化のための社会教育の役割に注目して、「不平等、暴力社会、紛争、貧困などの問題が山積し、急激に日々変化している社会においては、人々は自らが直面している社会的・経済的・政治的・道徳的問題に積極的に取り組む行為に関わらざるを得ない。そこで、社会変化のための運動と社会教育を結びつけて、社会教育の役割を再定義する議論が始まっている」[76]と述べた。

　この範疇に属する論点を要約すると次のようになる。旧来の階級・階層および過激な革命的社会変化に対する批判と経済発展のなかで、個々人の能力の向上と、移民者などによる新しい社会への適応に焦点

75）U. Beck, A. Giddens, and S. Lash.（1997）*Reflective Modernization*, Cambridge, Polity, pp.184-197.

76）S.B. Merriam and R.G. Brokett, op.cit., p.249.

をあてた社会教育の伝統がかつては大いに注目を集めていた。しかし、今日、個人および経済発展に焦点をあてた社会教育に対する挑戦が始まっている。社会変化のための社会教育が注目され始めたのはそうした挑戦の一つの現れといえる。そして、注目される理由は、「社会変化に焦点をあてる社会教育は、特定の目標、既存の社会に内在する本質的かつ根本的な問題の克服という信念と価値にもとづいているからだ」[77]と説明されている。

　「ティ（Toh）」と「カワガス（Cawagas）」の分析によると、社会的目的の社会教育における共通の価値は、「社会的正義、対話と希望に対する関心の増大、国際的平和、社会における暴力問題の解決、人権と文化的差別の克服、環境運動の持続的推進」[78]などの問題に対する成人の関心であると言う。

　このように社会的変化のための社会教育の役割の期待と社会的目的の社会教育の伝統が再考されているなかで、ラスリーが指摘した論点をもう一度思い出してみる必要があるだろう。それはとりもなおさず、個人・経済的発展の伝統にもとづく社会教育に対する批判である。具体的には、個人の学習要求に焦点をあてる個人主義的社会教育は、「本来の使命を果たしておらず、我々の社会が直面している不平等と社会的格差を克服するための社会変革に必要な社会教育の役割を放棄している」[79]という指摘である。ラスリーは、社会教育研究者の多く

77）Ibid. 特に、Gregory は、社会変化を必要とする社会教育の共通の価値とは「社会的正義の確立、平和、対話的民主主義の実現、人権・差別の克服、人間の尊厳の確保」であり、社会変化のなかで表れたこのような世界的共通価値を実現する上で、社会教育が一定の役割を果たすことができるだろうと認識していた。（W.A.B. Gregory（1997）Emancipatory Adult Education and Social movement theory, the degree of Master dissertation, University of Alberta, Edmonton, Canada, p.15.）

78）S.H. Toh and V.F. Cawagas.（1990）Peaceful Theory and Practices in Values Education, Quezwn City: Phoenix Publishing House, Inc. p.12.

79）P.J. Ilsely, op.cit., p.30.

は労働者・市民の権利、平和と正義、生態的公平性を含む様々な社会的展望をもっていると認識している。そして社会教育研究者は、教育において批判的思考を形成させる必要を自覚しながらも、その思考にもとづき具体的行動をとるのを躊躇していたという。ところが、「社会教育は、我々がめざす社会的展望と目標と密接な関連をもっており」[80]、社会教育そのものが、「社会運動を展開している人々にとって社会的変化に積極的にかかわる余地を与えている」[81]ため、社会変化に向けて積極的に取り組むべき本質的な役割を担っているというのである。

　最後に、①個人の社会的適応および経済発展のための社会教育と②社会変化のための社会的目的の社会教育という、二つの伝統的形態について考察してみよう。

　社会参加に積極的にかかわる考えを形成させることを意図している後者の論理は、前者の論理より社会進歩的な社会教育であるといえる。そして、「成人の学習の多くは、社会問題をきっかけとする社会的動機によって行われている」[82]という分析をもとに検証すると、社会変化と社会教育の関係がさらに深いことがわかる。したがって、すべての成人が政治的に平等な存在として社会生活を営為することができ、主体性を確立していける理想的社会を民主的社会であるとするなら、市民のための社会教育に対する関心そのものが民主的社会の本質であるといえよう。

　さらに補足として、社会的目的の社会教育と社会変化に関する研究

80）A. Tough.（1991）Crucial Questions about the Future, Lanham: MD, Univeristy Press of America, quoted in P.J. Ilsely, op.cit., p.155.

81）Ibid., p.156.

82）R.D. Waller.（1956）*"The Years Between" an introduction*, A design for democracy: an abridgment of a report of the Adult Education Committee of The British Ministry of Reconstruction, commonly called "The 1919 Report", London, Max Parrish, p.149.

を、概念的側面から整理すると、①協同的学習（Collaborative Learing）[83]の概念、②権力（power）の概念、③学びの当事者である市民による知（knowledge）の創造の概念[84]、④学習者個人および集団が自ら自分の生活を統制可能なエンパワメントの概念[85]、⑤社会的抑圧を克服するための集団的・社会的実践としてのプラクシス（praxis）[86]概念、⑥反省と行動的社会的行為によって学習者が自らの経験を分析する視点の変化、その変化に焦点をあてる変形理論（transformative theory）[87]と区分できる。つまり、社会変化に対処するための社会教育と関連する概念は上記の六つの形態として把握できる。

　以上の記述から社会変化に対応する社会教育の研究の特徴をみると、社会教育研究の本質は、社会変化に関連する学習は社会教育の本質的な機能であると理解できる。そして、市場化が進んでいる生涯学習の状況をかんがみて、この機能を再評価し、社会変化に能動的に対処する学習を展開することが社会教育の役割である。また、このような意味で、今日、第4次産業革命という社会変化の中でその役割が注目されているといえる。

83）M.K. Smith.（1994）*Local Education: Community, Conversation, Praxis*, Philadelphia, Open University Press, pp.121-134.

84）E. Hamilton and P.M. Cunningham.（1989）, Community-based Adult Education, In S.B. Merriam and P.M. Cunningham eds.（1989）*Handbook of Adult and Continuing Education*, San Francisco, Josey-Bass Publishers, pp.439-450.

85）E. Hamilton.（1992）, *Adult Education for Community Development*, New York, Greenwood Press, pp,41-57.

86）M. Newman.（1994）*Defining the Enemy: Adult Education in Social Action*, Sydney, Stewart Victor, pp.121-132.

87）J. Mezirow.（1991）Transformation theory and cultural context; A reply to Clark and Wilson, Adult Education Quartely, 41（3）, pp.188-192.

第2章

第4次産業革命の展開と特徴

第 1 節　第 4 次産業革命の登場と概念

　人類の歴史を振り返ると、常に変化は新しい技術革新を伴ってきた。石器時代から鉄器時代のように、また蒸気機関車からドローンのように、時代の変化は常に新しい技術の登場とともに進んできた。そして、時代の変化の中で現れた新しい技術は、単に技術的な変化に止まらず、私たちの社会全体に大きな変化をもたらしてきた。実際、近代においては産業革命という新たな技術革新を可能にしたのである。そして、産業革命という時代の変化は、その時代の社会的、経済的構造に大きな変化をもたらすと同時に、人類が持続的な成長を遂げる原動力となったのである。実際、産業革命の中で登場した科学技術の持続的な発展は、技術の進化と革新を加速させ、社会構造の変化をもたらしたのである。要するに、産業革命と呼ばれる変化の過程における技術革新の影響力や波及効果は、どの時代よりも大きく、急速に広がっている。このような視点から見ると、新しい技術の登場によって現れる技術革新は、私たちの生活を常に大きく変えてきたといえる。

　人類は今まで第 1 次産業革命と第 2 次産業革命、そして第 3 次産業革命を経て、今は第 4 次産業革命という新しい変化の時代を迎えている。まだ第 4 次産業革命における全ての技術革新が完成されているわけではないが、ビッグデータ（Big Data）や人工知能（Artificial Intelligence）、IoT（Internet of Thing）、クラウド（Cloud）などの新しい技術は、私たちの生活を大きく変えるとともに、従来の固定観念や価値観を変えようとし、社会的議論をもたらしている。そして、技術革新による変化と社会的議論の拡大は、第 4 次産業革命を推進している国々において共通して現れている。

　それでは、今まで人類が経験してきた 3 回の産業革命の内容を簡単に把握してみよう。第 1 次産業革命は、18世紀に蒸気機関を基盤とし

た機械革命により、蒸気機関を活用した工業基盤施設が作られ、今までの歴史の中で初めての巨大な産業化を形成させた。第 2 次産業革命は、19世紀から20世紀前半にわたって広がった革命的な電気エネルギーに基盤を置いた大量生産システムの革命をもたらした。要するに、工場に電力が普及し、ベルトコンベアを活用した大量生産体制が整えられたのである。そして、その結果、大量生産と大量消費システムが登場するきっかけとなったのである。第 3 次産業革命は、20世紀後半、コンピュータとインターネットベースの知識情報を通じた革命として、インターネットとスマート革命にグローバル IT 企業が浮上したのである（ガン・チョルスン 2016; チェ・ギェヨン 2016）。第 4 次産業革命は、基本的に IoT と人工知能（AI）を基盤とし、自動化または知能化された産業構造や社会システムの革新をもたらすことに主な焦点を当てている。

　これらの産業革命の歴史を踏まえてそれぞれの産業革命の意味を整理すると、第 1 次産業革命は肉体労働の機械化と資本主義の本格的な胎動と拡散であり、第 2 次産業革命は機械化に基づいた大量生産システムの確立であり、第 3 次産業革命はコンピュータとデジタル技術を基にしたデジタル革命と知識のデジタル化であり、第 4 次産業革命はネットワークの高度化を通じたつながりを最大化しながら、人工知能の拡大に伴う高度の自動化であると説明できる（シュワブ 2016）。特に、シュワブによると、第 4 次産業革命は、情報通信技術（ICT）を基にした社会的影響および技術の波及速度が速い革命であり、歴史上前例のない技術の進歩の速度（Velocity）、範囲（Scope）、構造の衝撃（System Impact）などの 3 つの側面から過去の産業革命とは明らかに異なる点があるという（シュワブ 2016）。以上の第 4 次産業革命に関する通説に基づき、今まで展開された第 4 次産業革命での段階的進化による違いと特徴を整理すると、次のように表すことができる。

表 6　産業革命の段階と形態

区分	内容	技術革新
第 1 次産業革命（1784年）	石炭などの高エネルギー、化石燃料を基盤とした蒸気機関の発明。蒸気機関車が発明され、運送と移動を拡大させる橋、トンネル、港湾などの建設とつながる。機械発明を通じて初期の自動化が開始される。	機械生産蒸気機関
第 2 次産業革命（1870年）	品質基準、輸送方法、作業方法などの標準化とコンベアベルトの生産方式の導入。大量生産に基づいた企業間、国家間の連携でグローバルなサプライチェーンが構築されて、国際的連携の拡大。大量生産の拡大で労働の分業を促進。	大量生産電気エネルギー
第 3 次産業革命（1969年）	1969年、アルファネットの開発以来、インターネット技術が急速に発展。コンピュータ技術とモバイル機器の発展によって IT 時代の到来。デジタル自動化の拡大、人と人、人と物、人と機械の間の接点が急増。	電子装置IT
第 4 次産業革命（現在）	自動化と接続が最大に拡大し、国家間の境界と障壁がなくなることで、無限の可能性を持つビジネスモデルとプラットフォームの経済拡大。肉体労働だけでなく、ビッグデータの分析と処理などを通じた人間の知的な事務労働まで人工知能ロボットが代替。事物と事物の間でのつながりが拡大し、人間がいない状況でも、自動化された生産が可能なスマート工場へ生産方式の革命的転換	人工知能ビッグデータサイバー物理システム

（筆者作成）

　それでは、ここでさらに詳しく、時代を牽引している第 4 次産業革命の概念を確認してみよう。第 4 次産業革命という用語は「Industry 4.0」と言われ始めてから、製品の設計から生産、製造、流通、運用およびサービスなどの全体的な製造業のシステムをデジタルとインターネット技術との組み合わせにより、製造業そのものをスマート化（スマート工場）しようとする計画からスタートした（キム・ウンギョン＆ムン・ヨンミン 2016）。そして、第 4 次産業革命に関する取り組みが拡大することによって、その定義は、「第 3 次産業革命を基盤とし、デジタル、生物学、物理学などが融合されている技術革命（情報通信

技術振興センター 2016；現代経済研究院 2016)」、または「デジタル、生物学、物理学など境界がなくなって融合されている技術革新（ガン・チョルスン 2016)」という意味でとらえるようになった。さらに、第4次産業革命は技術が進化し、他の技術と相互に融合することで、新たな産業再編が起こる創造的破壊、社会と経済の構造を維持する全体システムの変化が生まれるようになったのである。実際、第4次産業革命の重要性に着目し、積極的に取り組んでいる世界の主要先進国は、第4次産業革命の未来像、効率的な変化の推進、そして市場を先に確保するための競争力を他の国より先に揃え、第4次産業革命の時代をリードするために熾烈な戦いを見せている。

　それでは、第4次産業革命はいつから世界先進主要各国から関心を持たされるようになったのだろうか。それは、2016年2月の「世界経済フォーラム（WEF：World Economic Forum)」、別名「ダボス会議」での主要話題として浮上した後、本格的に注目され始めた時である。つまり、世界経済フォーラムは、報告書「The Future of Jobs」を通じて、将来的に第4次産業革命が到来すると主張し、以前の産業革命がそうであったように、第4次産業革命も社会および経済構造全体に大きな変化をもたらすと[88]記した。

　しかし、第4次産業革命がもたらす変化は、生活の利便性や生産性の向上、そして新たな雇用創出という肯定的な側面がある一方、技術革新から生まれた自動化と知能化により、ロボットが人間の仕事を代替する現象が発生し、低熟練のような単純労働分野で仕事が減り、失業者が増加するという否定的な側面もある（キム・ジンハ 2016)。しかし、このような否定的な側面より、肯定的な側面が多くの先進各国の政策課題として取り上げられている理由は、世界経済の生産性の拡大と新

88）World Economy Forum.（2016）Global Challenge Insight Report: *The Future of Jobs Employment, Skills and Workforce Strategy for the Fourth Industrial Revolution.* January.

成長のための動力を確保するには第 4 次産業革命が重要だからである。

　ただし、第 4 次産業革命の可能性を最大化するためには否定的な側面を解決する必要がある。そのため、世界経済を牽引する国々の政府は、第 4 次産業革命がもたらす問題点を解決するための自己救済策を用意することに頭を抱えている。実際、最近の世界的な経済は持続的に成長率が停滞、低下しており、多くの経済学者や専門家、さらには国の政策立案者の間でグローバルな成長動力の弱化を懸念する声が出ている。つまり、2008年の金融危機以降、世界経済は成長面で 3 ％台を継続的に維持する水準に置かれており、もはや低成長基調に直面しているからである。この状況を打開する策として先進主要国の政府は、直接的な金融危機の影響による景気成長策を打ち出し、第 4 次産業革命関連政策を推進することで経済成長の停滞する局面を変えようとしている。

　しかし、現実はこのような政治的意図が政策に反映されたため、第 4 次産業革命が展開される過程で現れる失業者の増加、仕事による雇用の二極化という否定的な側面はなおざりにされ、肯定的な側面だけが注目を浴びることになっている。この点に注目すると、第 4 次産業革命を単に国の経済政策と社会政策の視点からとらえるのではなく、労働者の個々人の視点からとらえると、肯定的側面と否定的側面の両方の価値を同じ土俵で議論することが必要であると思われる。ただし、この問題を集中的に論じる前に、引き続き第 4 次産業革命の技術革新の内容と社会変化との関連性を把握する。

第 2 節　第 4 次産業革命の技術革新と特徴

1. 第 4 次産業革命の技術革新

　第 4 次産業革命が進むことによってどのような社会変化が現れるの

かを把握する前に、まず、第4次産業革命の技術革新の内容を確認する必要がある。世界経済フォーラム（WEF）では、第4次産業革命を主導する革新的な技術として、人工知能、メカトロニクス、モノのインターネット（IoT）、3Dプリンティング、ナノテクノロジー、バイオテクノロジー、新素材技術、エネルギー貯蔵技術、量子コンピューティングなどを挙げている。そして、これらの一連の技術に基づきギガインターネット、クラウドコンピューティング、スマート端末、ビッグデータ、ディープラーニング、ドローン、自律走行車などの産業が広がることを期待されていることが話された。そして、この内容は、『第4次産業革命』の著者であるクラウス・シュワブ（Klaus Martin Schwab）によってさらに詳しく紹介されている（シュワブ2016）。シュワブによれば、第4次産業革命を導く主要な技術革新はICT技術を広く活用しており、主な革新的な技術は物理技術、デジタル技術、生物学技術を中心に展開していると記した（シュワブ2016）。

　第4次産業革命の技術を詳しく見ると、第一に、最も代表的なデジタル技術を活用したIoTは、様々なプラットフォームに基づいて物事（製品、サービス、場所）と人間を結ぶ新たなパラダイムを創出する。そして、IoT環境の中で生成された様々なデータを処理するためのクラウドコンピューティングとビッグデータ産業が発達する。さらに、これらの一連の革新的な技術は、人工知能（AI）が加わることで、生活の変化を導く。つまり、IoTは、現在、人工知能の初期段階である機械学習を通じてサービスを提供することが可能となり、状況を認知して学習しているコンピュータの能力が発達すればするほど、完全自律走行自動車、ドローン、ロボットの技能がともに発展すると思われている。

　第二に、ブロックチェーン（Block Chain）と呼ばれる技術革新である。ブロックチェーン（Block Chain）は、互いに知らないユーザーが

共同で作っていくシステムである。詳しくいえば、ブロックチェーンは、知らないユーザーが共同で作るシステムが暗号化された状態で共有されるため、特定のユーザーがシステムを制御することができなくなるので、透明な取引方式が可能になる。実際、ビットコイン（bitcoin）のようなものはブロックチェーンの技術を用いて、デジタルマネーを利用した金融取引を進めている。さらに、この技術が拡大することによって、様々な種類の証明書、保険金請求や医療記録など、コード化することが可能な全ての取引がブロックチェーンシステムを通じて行われると予想されている。

　第三に、物理学に基づく技術革新である。物理学を活用した第 4 次産業革命の技術としては、無人輸送手段、3D プリンティング、ロボット、グラフェンなどに ICT 技術を組み合わせて、革新的な製品が登場している。具体的に言えば、センサーと人工知能の発達で自律体系化された全ての機械能力が急速に進化するにつれ、ドローン、トラック、航空機、ボートなど様々な無人輸送手段が登場している。3D プリンティングは、デジタル設計に基づいて柔軟な素材で 3 次元物体を積層（additive）する方式で、既存の製造工程とは完全に異なる作業環境を必要とし、すでに様々な分野で活用されている。ロボットは、センサーの発達で周辺環境への理解度が高まるとともに、それに合わせた対応が必要となり、様々な業務遂行が可能となっている。さらに、従来には存在しないスマート素材を活用した新素材（再生可能、洗浄可能、形状記憶合金、圧電セラミックスなど）が登場している。

　第四に、生物学を活用した技術革新が挙げられる。生物学を活用した技術革新は、主にバイオエンジニアリングと関連している。過去、ヒトゲノムプロジェクト完成には10年以上の時間と27億ドルの費用がかかったが、現在は数時間と1000ドルほどしかかからない。また、合成生物学の技術は、DNA データを記録して生物を作製することがで

表7　第4次産業革命の技術革新の構成

類型	コア技術	技術革新の内容
物理学基盤技術	無人運送手段	－センサーと人工知能の発達に自律的に体系化された機械の能力が速いスピードで発展するにつれ、ドローン、トラック、航空機、ボートなど様々な無人輸送手段が登場する。 －現在のドローンは、周辺環境の変化を検出し、これに反応する技術を持ち、衝突を避けるために航路変更などが可能となる。
	3Dプリンティング	－3Dプリンティングは、立体的に形成された3Dデジタルの設計やモデルに原料を層に基づき積み重ねて計画した形態の物体を作る技術である。 －既存の切削（subtractive）加工方式が必要としない材料の部分を切ったり、削ったりする方式であることに対し、3Dプリンティングはデジタル設計に基づいて、柔軟な素材で3次元物体を積層（additive）していく方式である。 －現在、自動車、航空宇宙、医療産業で主に活用されており、医療インプラントから大型風力発電機まで広範囲に活用可能である。
	ロボット	－ロボットは、過去にプログラムされ制御された業務の遂行に限定されていたが、徐々に人間と機械のコラボレーションを重点に開発されている。 －センサーの開発とロボットは、周囲の環境に対する理解度が高まり、それに合わせて対応し、様々な業務遂行が可能になる。 －クラウドサーバーを通じて遠隔情報へのアクセスが可能で、他のロボットとネットワークへの接続が可能である。
	グラフェン（新素材）	－従来には存在しないスマート素材を活用した新素材（再生可能、洗浄可能、形状記憶合金、圧電セラミックスなど）が市場に登場。 －グラフェン（graphene）のような最先端のナノ材料は、鋼よりも200倍以上の高い強度を持ち、厚さは髪の毛の100万分の1ほど薄く、優れた熱と電気の伝導性を持つ革新的な新素材である。
IoT	IoT	－IoTは物事インターネットとも呼び、相互接続された技術と様々なプラットフォームに基づいて物事（製品、サービス、場所）と人間の関係性を意味している。より小さく、安価で、スマートになったセンサーは、製造工程、物流、家、衣類、アクセサリー、都市、輸送機関、エネルギー分野まで内蔵されて活用されている。
ブロックチェーン	ブロックチェーン	－ブロックチェーン（Block Chain）は、互いに知らないユーザーが共同で作るシステムとして、プログラミングが可能で暗号化（補完）されているため、全ての人々に共有される。そのため、特定のユーザーがシステムを制御することができない。 －現在のビットコイン（bitcoin）がブロックチェーンの技術を利用して、金融取引をしており、今後、様々な国において証明書の発行、保険金請求、医療記録、投票などをコード化することが可能で、全ての取引がブロックチェーンシステムを介して可能となっている。

生物学基盤技術	遺伝子工学	－科学技術の発達で、遺伝子塩基配列解析のコストは減り、手順も簡単になった。また、遺伝子活性化と編集も可能となっている。 －ヒトのゲノムプロジェクト完成に10年以上の時間と27億ドルの費用がかかったが、現在は数時間と1000ドルほどしかかからない。
	合成生物学	－合成生物学の技術は、DNA データを記録して生物を作製することができ、心臓病、がんなどの難病治療のため、医学分野に直接的な影響を与えることができる。 －データの蓄積により、個人別の医療サービスと標的治療法も可能。農業とバイオ燃料の生産と関連しても代替案を提示することができる技術である。
	遺伝子編集	－遺伝子編集技術を介してヒトの成体細胞を変形することができ、遺伝子組み換え生物を生成することができる。

（筆者作成）

き、心臓病、がんなどの難病治療のための医学分野に直接的な影響を与えている。さらに、遺伝子工学の発達は、経済的かつ効率的に作物を育てることから、人間の細胞を編集して、病気を未然に防止することができるところまで幅広く拡大している。

　これらの四つの技術革新が同時に融合的に展開されているのが第 4 次産業革命である。次項では、このような技術革新に内在されている技術の特徴を見てみよう。

2．第 4 次産業革命の技術の特徴

　第 4 次産業革命の技術に内在されている性格は二つの概念に基づいて特徴化されていると言える。二つの概念的特徴は、超連結性（hyper-connected）と超知能化（hyper-intelligent）である。まず、超連結性（hyper-connected）は IoT によって実現される。他方、超知能化（hyper-intelligent）は人工知能の技術を通じて実現されている。また、第 4 次産業革命に内在しているこの二つの概念は、相互分離するのではなく、結合されているのが特徴である。具体的に見ると、超連結性（hyper-connected）は全ての物事が一つにつながっており、相互作用し、今よりもっと高

度なネットワークが形成されたことを意味する。以前の産業革命が人と人の間のつながりに焦点を当てていたとすると、第4次産業革命は人と人の間だけでなく、人と物、物と物の間のつながりに焦点を当てている。ここでいう物と物の間のつながりはIoTを意味するものであり、情報通信技術の高度化によって社会全体にわたって、連結性が大幅に増加し、超連結性社会へ進化することが予想されている。実際、全世界のIoTの数は、2015年の49億から2022年には208億へ増え、約3倍以上増えると予測されている[89]。すなわち、高度のIoTサービスは、数え切れないほどの数の物と人、データ、知能を連結する社会へ移行するのに重要な役割を遂行する。いわゆる、スマートホーム（smart home）またはスマートシティ（smart city）、遠隔ロボットを活用した遠隔医療、そして道路と自動車、人間をつないでくれる自律走行車（smart car）は超連結性に基盤を置いている。

　次に、超知能化（hyper-intelligent）は、人工知能とビックデータの結合を通じて産業構造そのものが知能化することを意味する。要するに、ネットワークを基盤としたビッグデータを通じて多様な情報を収集、分類、加工することで、利用者に対して状況に合った最適の情報やサービスを提供するためには、超知能化が不可欠であることを意味する。すなわち、人と機械、データ、知能、サービスが相互接続されている超連結性の環境において誰でもアクセスが可能なサービスを提供する時は、その潜在的可能性が最大限に発揮され、超連結性は超知能化と非常に密接につながっているからである（チェ・ゲヨン 2016）。さらに、このような二つの特徴的概念がつながっていることで、産業間の境界を超え、革新的かつ創造的な新しい産業が生まれている。結局、第4次産業革命の技術は、超連結性と超知能化という二つの概念

89）「グローバル経済」2016年2月3日付（「글로벌경제」2016년 2월 3 일자）

的特徴を基盤として、物理的空間とサイバー空間をつなぐデジタル有機体の生態系を形成し、経済構造と社会構造に急激な変化をもたらしている。それでは、次節では第 4 次産業革命の技術革新がもたらす変化に関して詳しく検討する。

第 3 節　第 4 次産業革命と社会変化

1. 第 4 次産業革命と経済状況の変化

　第 4 次産業革命が進むことによって大きな変化があると思われている。その中で、最も影響を与えると予想される部分は、経済の効率性と生産性の向上に基づいた経済成長である。具体的に見ると、二つの側面で第 4 次産業革命が経済成長を促進させる根拠がある。第一は、ICT プラットフォーム・ベースのグローバルなサプライチェーンの構築、製品やプロセスの革新、そしてこれによる物流とグローバル・サプライチェーンの効率性向上、さらに生産性の向上が実現されるということである。

　第二は、経済構造の超連結性とビッグデータと人工知能をベースとした超知能化による新たな産業の生態系の構築と技術基盤プラットフォームの発展による共有経済（Sharing Economic）とオンデマンド経済（On-Demand Economic）[90]の拡大というビジネスモデルの再構築が挙げられる。まず、共有経済に関して簡単に把握してみよう。特に、共有経済は、多数の個々人が協力して財貨や空間、経験と才能を他の人々に互いに貸して、分け合うオンラインベースのオープンビジネスモデルを指す。実際、共有経済は技術基盤のプラットフォームを利用

90）オンデマンド経済は、モバイル技術と IT インフラを通じて消費者の需要に対して即時に製品およびサービスを提供する経済活動を意味する（現在経済研究院 2016）。

した多様なサービスやビジネスモデルが増加することにより、誰でも簡単に起業（Start-up）が可能となり、これらのプラットフォームの活用は、品質、価格などを迅速に改善する効果を持っていて巨大企業を追い越すことができる機会を得るということが期待されている。共有経済の代表的な例を見ると、Uber と Airbnb を挙げることができる。Uber の場合、自動車駐車場の需要を減少することができる一方、利用者は最小限のコストで必要なサービスを得ることができる。Airbnb は、一時的に空いている空間を最大限に活用して、空間の所有者が空間を利用しない時間に貸すことで利益を得る仕組みである。要するに、Uber と Airbnb は、工場の24時間稼働と同様に、資源を最大限に活用しているのである（キム・ウンギョン＆ムン・ヨンミン 2016）。

　このようにビッグデータと人工知能をベースとしたビジネスモデルが生まれる中、このビジネスモデルは製造現場でも活用されている。「ダビス（Davies 2015）」の分析によると、第４次産業革命による経済的変化が最も早く現れる業種として製造業を挙げている。そして、具体的な例としてスマート工場に焦点を合わせている。スマート工場は生産過程の自動化とロボットを基にしたデータの設定とカスタマイズプロセスを通じて、消費者に合わせた少量生産が可能となっている。特に、スマート工場は、新製品の生産のための生産ラインを新しく設置する必要もなく、その都度迅速にラインを設けることができるため、柔軟な生産システムが形成される。そして、デジタルデザインは生産過程にすぐ反映されるため、生産の時間を大幅に削減できる効果がある。それだけでなく、スマート工場はビッグデータを通じた消費者のニーズの把握とデザインの構築、製品の製造から生産、流通に至るまでの全体的な生産工程の革新をもたらすことで、産業の変化を生み出している。そのため、企業側もスマート工場システムを導入することで、労働費用の削減、顧客のニーズに沿った製品の製造が可能になり

企業競争力の向上が実現可能となるということで、この変化を能動的に受け入れようとしている。

このように、第 4 次産業革命の技術革新は、共有経済という新たなビジネスモデルのパラダイムを構築するとともに、製造業などの産業構造に画期的な転換をもたらしているといえる。

2．第 4 次産業革命と社会状況の変化

第 4 次産業革命による経済的変化のほかに、もう一つ注目すべきところは社会的変化の側面である。一般的に、第 4 次産業革命の肯定的側面としては、生産性の向上と費用の削減が実現されることによって、労働者の所得の増大と生活の質の向上が実現するという点が今まで言われてきた（Author 2016）。実際、第 4 次産業革命の楽観主義者は、労働現場が自動化することで、市場が拡大し、労働者はその過程で増加する利益の恩恵を受けることになると主張している。そして、その理由として、一時的に自動化が進むことで労働者はロボットに職を奪われるように見えるが、市場の拡大は常に労働者を求めているため、結局、自然と労働需要の拡大につながるという点を指摘している。要するに、楽観主義者は、第 4 次産業革命による自動化を一般的な進展の一形態であると考え、人工知能を基盤とした自動化による労働の補完効果が生産性の向上と労働需要の増大につながると主張している（Remus & Levy 2016）。自動化による労働者を囲む職務環境の変化は、職業の代替よりも市場の拡大をもたらすということである（チェ・ギェヨン 2016）。

しかし、第 4 次産業革命がもたらす社会的変化、特に労働者をめぐる労働環境に関する問題に対して、楽観主義的な見方に対して異論を提起する声がある。第 4 次産業革命に関する悲観論と呼ばれる見解をみると、その論調を端的に言えば、第 4 次産業革命の技術革新は、社

会的不平等が加速して貧富の格差、さらに機械が人の代わりをすることで、労働市場の縮小や崩壊が起きるということである。特に、労働市場の場合、技術と賃金格差が拡大することによって雇用市場も二極化するということである。そして、その弊害は中間層の崩壊という形で起きると予測されている（現代経済研究院 2016）。また、これだけでなく、専門性の高い技術職の需要が増加する一方、熟練職種や単純職種の雇用は不安定さが深化し、これにより、社会階層間の格差はさらに大きくなると危惧されている。具体的に、世界経済ノォーラム（WEF）の分析によれば、第 4 次産業革命で、今後 5 年間の科学技術分野の雇用増加は期待されるが、労働力の代替技術の発達で、全体の雇用は減少すると予測されている。つまり、技術の変化により、先進国と新興国を含む15カ国で約200万人の雇用が新たに生まれるが、他方、約700万人の雇用が消えて全体では約500万人の雇用が失われると予測されている。職種に基づいていえば、2015年から2020年までの雇用が最も多く消える職業は、事務および管理職（475万件）の分野であるという。一方、雇用が最も多く増える職業は起業および財政運営（49万件）ととらえている（UBS 2016）。

　第 4 次産業革命の技術革新の中身をみれば、第 4 次産業革命と社会構造の変化の本質的な部分は雇用の縮小、すなわち労働市場の崩壊または再編であると言われている（Frey & Osborne 2013）。具体的に、労働市場の崩壊につながる可能性が高いととらえる理由は、肉体労働を中心に起きる雇用の代替、すなわち、ロボットが代替可能な全ての領域での仕事の代替が起きることで雇用不安定性を拡大するということである。UBS の分析によると、第 4 次産業革命の技術革新による労働市場の変化は、コンピュータや数学、建築工学などの分野の仕事が人工知能に基づくロボットに置き換えられるため、人間の労働者の判断と経験を複製するスマートアルゴリズム市場が逆に発展するという

ことである。実際、このように人間の仕事を人工知能が内在されているロボットが代わることで、従来の職業群が解体されることはもちろんのこと、会計、保険、法律などの分野で失業と雇用の不安定性が増加するということである。このような側面からみると、第 4 次産業革命は、雇用の不安定性の増加と雇用の縮小、それに伴う労働市場の崩壊に起因する社会的不平等の深化、階層間の葛藤の拡大など、社会全体の二極化が増大するという問題を内在しているといえる。

表 8　第 4 次産業革命による社会変化の両義的側面

区分	内容
労働領域	労働者の職が消える可能性の増大 高度の専門職と熟練・単純労働価値の喪失、さらに所得格差による社会的対立の深化 失業と貧困の拡大 二極化現象の深化 非正規職務の増加と中間階層の崩壊
資本領域	生産性と効率性の拡大による収益の拡大 生産と流通費用の削減 新しいビジネスモデルの促進
政府領域	大企業と中小企業の二極化 中小企業の競争力の弱化 失業者の増加による福祉費用の増加

（筆者作成）

　上記で検討した第 4 次産業革命の技術革新に関する楽観論と悲観論は、両意見ともに一理あり、片方の意見だけが絶対的に正しいということは言えない。ただし、明確なのは、第 4 次産業革命の技術革新、特に労働環境がロボットなどに代替され、人間の労働需要が減少し、既存の多くの労働者が職を失うということである。もちろん、このような労働者の状況を本人たちの責任であると言ってしまえばそれだけのことだが、社会教育的視点からいえば、彼らがこのような社会変化に対応するために学び、行動すべきかを悩む必要があり、その過

程で企業と労働者がともに話し合い、十分な対応策を考えることが大事である。少なくとも、労働需要の減少を一方的に受け入れ、単に嘆くだけでなく、このような社会変化の動向を理解し、学習を通じて準備することが必要である。少なくとも、この準備過程があったか、なかったのかという、その差異が、労働者たちが第4次産業革命を認識し、自らの働く未来像を考える上で重要な資産となるからである。そのため、次章では、第4次産業革命の技術革新の社会変化と類似した歴史、つまり労働者の社会変化への対処と関連する歴史的事例を検討する。

第3章

産業構造の変化と労働者の抵抗と省察

（ラッダイト運動の事例を踏まえて）

第1節　産業革命とラッダイト運動の始まり

　1811年の春。英国ノッティンガムの織物工場の労働者たちは、深い絶望に陥っていた。麦のような食料品の価格は急騰し、給料はしきりに削られた。労働者の間では1日まともに食事をとることすら困難な状況にあった。その中で1811年3月11日、ノッティンガム（Nottingham）市の市場には数百名の職工たちが街に出てデモを始めた。市当局は、デモが起きている現場に警察を出動させ、労働者を解散させた。

　しかし、その日の午後、織工たちはノッティンガムの郊外のアーノルド（Arnold）にあるボルトン（Bolton）の工場に押し寄せ、織物機63台を破壊した[91]。これがイギリスの労働運動史の重要な事件である「ラッダイト運動」の幕開けであった。記録によれば、ノッティンガムから始まったラッダイト運動は、初期からリーダーの指揮のもとで組織的に展開され、1811年3月から4カ月間で10回以上の機械破壊行為が起き、参加した労働者の数も300人を超えたとされている[92]。また、ラッダイト運動が偶発的に起きたのではなく、組織的に行われたということを裏付けるように、小規模の組織単位で散発的に運動を展開し、1812年2月まで100回以上続いた[93]。そして、その中でも、代表的な事件がバルウェル（Bulwell）にあるホリングスワース（Hollingsworth）という雇用主の襲撃事件である。

　襲撃時に若い織工であるジョン・ウェスリー（John Wesley）が工場警備隊の銃に撃たれて死亡し、他の織工たちも負傷する事故があっ

91）M.I. Thomis.（1972）Luddism in Nottinghamshire, *Thoroton Society Record Series VII*, London, Philmore, p.103.

92）Ibid., p.177.

93）Ibid., p.181.

た。この事故はラッダイト運動の最初の死亡事故であり、民衆を激怒させるきっかけとなった。ジョン・ウェスリーが死亡してから3日後、葬式に多くの人々が参加し、沈黙のストライキを始めた[94]。そして、その夜、多くの織工たちは、サットン・イン・アッシュフィールド（Sutton-in-Ashfield）地域の工場を襲撃し、機械を破壊した。この時、逮捕された12人の織工たちがラッダイトという名称で呼ばれ、運動を広げる機会を作ったのである[95]。そして、ラッダイトたちの標的となった雇用主たちは彼らの要求を検討し、受け入れるという態度を示すとともに、1812年11月30日に発行された「Nottingham Journal」に、約50人の織工たちに正当な賃金を支払うことにしたという記事が掲載された[96]。

　1812年12月に入り、雇用主と労働者の間で労使交渉が始まり、上昇した新しい賃金への合意がなされた。これを機に機械破壊を進めていたラッダイト運動は11月より、落ち着いた様子を見せていた。しかし、12月末、労使交渉が決裂するとラッダイトによる機械破壊は再び始まった。労働者のリーダーであるグレーブナー・ヘンソン（Gravener Henson）を中心として労働者たちは、機械破壊運動を展開しながらも、雇用主との労使交渉の経験を踏まえて再び話し合いを進めることを求め、議会に調整を依頼する請願を行った。その請願には、カットアップ（cut up）製品生産の中止、現物賃金制度の撤廃や標準賃金制度の設置などの内容が含まれていた[97]。しかし、自由放任主義を信奉する議員たちの反対に直面し、労働者が提出した請願は1812年7月に却下

---

94) A. Aspinall. (1949) *The Early English Trade Union: Documents from the Home Office Paper in the Public Record Office*, London, Batchworth Press, p.118.

95) O. Dawall. (1934) Popular disturbance and public order in Regecy England, London, Oxford University Press.

96) 『Nottingham Journal』（1812年11月30日）

97) Thomis, op.cit., pp.134-138.

された。

　この結果に失望した労働者は、グレーブナー・ヘンソンのリーダーシップのもとで、1813年1月、「機械改良における織工たちの地位を保障するために議会に救済を求める組合（A Society for Obtaining Parliamentary Relief and the Enforcement of Mechanics in the improvement）」という名称の労働組合を結成した[98]。初期の労働組合は組合員数約2,390人で構成され、イングランド中部、ロンドン、アイルランド、スコットランドの各地域を包括し、織工の賃上げと雇用増大に力を入れていた。その努力の結果なのか、組合結成後、18カ月間は賃上げが行われた。

　1814年4月、ノッティンガムシャー（Nottinghamshire）の綿の靴下を製造する織工たちが賃上げを要求したが、雇用主はこの要求を拒んだ[99]。これに対し、労働者はストライキを起こし、同年7月まで継続したが、ストライキのために集めた基金130ポンドを全て使いきり、組織活動を行う資金がなくなった織工の労働組合は瓦解した。さらに、それだけでなく組合の崩壊を期待していた政府当局によって、織工の労働組合のリーダー3人は不法活動のための募金行為やストライキを主導した理由で起訴されたのである。その後、3人のリーダーが逮捕された後、労働組合は崩壊した[100]。このように、雇用主による労働組合組織に対する瓦解工作が本格的になると、労働者はより反発を強めて織工の人々は再びラッダイト運動（機械破壊運動）を展開し始めた[101]。

98）J.L. Hammond. (1919) *The skilled labourer 1760-1832*, London, Longmans Green and co.

99）Ibid., p.233.（雇用主たちはストライキが始まる前に、秘密結社を結成し、労働者の要求を拒みながら組合の解散を企んだ。そして、約300人労働者がストライキを起こすと、労働者を解雇し、雇用を拒んだ。）

100）Ibid.

101）Thomis, op.cit., pp.82-85.

第2節　織物産業とラッダイト運動の展開

　織工たちと雇用主間の対立の過程を理解するためには、まず当時の織物産業の構造を理解しておく必要がある。1800年代、織物産業は、商人であり、資本家である有産階級者によって運営されており、織工たちは工場で婦人用の長手袋、ネクタイ、襟、装飾品、ショールなどを製造し、市場で販売し収益をあげていた。

　ただし、問題となったのは、織物産業に従事する雇用主である織物業者と織工たちの関係である。当時、織物業者たちは織工たちにかなり多数の織物機を貸して賃貸料を得ており、織物機を借りた織工たちは自分たちの家または職人の作業場で3-4台の機械を設置し、1-2名の弟子を雇い、織物を生産していた[102]。実際、この時期、イギリスには約2万9,000台の織物機があり、この機械を貸して賃料を得ていた織物機の貸主の数は5,000人程度で、彼らの多くは織物産業の事業者および投資家であった。そして、1812年の時点に基づいてみると、織物機の購入価格は16-50ポンドだったのに対して、織物機の賃料は週に1シリングだった。当時の賃料を試算した結果を調査した研究に基づくと、織物産業の労働者は機械の30%に及ぶ金額を賃料として年間払っていたのである。当時、労働者の間では、機械の賃料として5-8%が公正な価格にもかかわらず、相当高い金額を払っていたことで不満を漏らしていたのである。そして、このことも労使間の対立を激化させる要因となった[103]。さらに、織物産業の事業者および投資家と労働者の間での機械賃料をめぐる労使間の対立構図は、いずれ機械化の進歩に伴う労働者の失業とその反発として展開されたラッダイ

102）W. Felikin.（1967）*History of the Machine-wrought Hosiery and Lace Manufacture*, New York, David and Charles, p.437.

103）Thomis, op.cit., p.30.

ト運動の展開を支える労働者組織の形成を促す要因となった。その歴史的過程は下記で具体的に見てみよう。

　1700年から1800年の間、高級な織物製品が流行し、需要が急激に増加した。その結果、需要の拡大を見込んだ織物産業の事業者および投資家は、織物機械の賃料収入の拡大を目的として織物機を大量に購入した。これは、織工の不足現象をもたらし、弟子を2人まで雇うことができるという法規を無視し、弟子を競うように雇い修業させた。レスターシャーのヒンクリー（Hinckley）のある織工は100人を超える弟子を雇ったこともあるほどだった[104]。

　しかし、このような大量採用は徒弟制度に基づく織物技術の伝承を難しくし、未熟練の織工を量産する結果を生み出した。1800年代に入ってからイギリスに長ズボンと革のブーツが流行し始めると、織物製品の需要が減少し、自然と稼働せずに余っている織物機が増え、織物産業の事業者たちは自分の織物機を借りるところだけに仕事を委託するなどの横暴な姿を見せていた。その後、ますます織物の需要が減り、市場が悪化すると、労働者たちは徒弟制度の強化を通じて過度な労働力の流入を防ごうとした。しかし、すでに未熟練の織工たちが量産されている中、事業者たちは徒弟制度を強化するよりは、余っている労働力を活かし製品をたくさん製造するように促した。そして、実際、徒弟制度を強化するより、彼らの意図に沿って製品を生産する織工たちに仕事を受けさせ、その結果、価格は安いが製品の質が落ちる商品が量産された[105]。

　このように織物業者たちの目先の欲望にしか関心のない態度に怒りを感じた労働者たちは、1804年、「織工組合（Frame-work Knitters Company）」を組織し、法規に定められた人数をオーバーしている織工たちを訴え

104）Felikin, op.cit., p.435.
105）Ibid., p.436.

た。その訴えに対して陪審員たちは織工の要求が正当であると言ったが、裁判官のマンスフィールドは、織工組合の主張は時代錯誤的であると言い、規定より多くの労働者を雇った織工たちに罰金1シリングを宣告した。この判決を機に、織工たちは平和的な方法では徒弟制度の回復が難しいと判断した[106]。

　他方、織工たちが徒弟制度を維持することが困難となり、生産量が減ることを心配する中、織物産業の事業者たちは未熟練の織工たちを安い賃金で雇う織工に機械を貸し、製品を生産し、安値で販売した。安い価格の不良製品が市場に出回ると、正規の製品を生産していた熟練の織工たちは不良品が量産され、市場で売られることを批判したが、改善の余地は見えなかった。そうすると、正規の製品を生産していた織工たちも価格を下げるしかなかった。織物産業の価格下落は、産業全体の停滞を招き、1812年の時点では織工全体の5分の1が失業の状態に陥り、また残りの労働者も解雇される前の待機状態に置かれていた。例えば、ノッティンガムシャー（Nottinghamshire）の織工たちの週当たりの賃金は14−15シリングだったが、徐々に減って1812年の時点では7シリングに半分となったのである[107]。安い賃金と未熟練の織工たちを活用して不良品を含め多くの製品が市場に出回り、競争が激化して経営が困難となると雇用者は織工たちに賃金の代わりに現物を支給する形（Truck system）を取り始めた。賃金が現物支給となったことによって、労働者はこの現物を市場で販売しなければならなかった。そうすると、労働者が得られる利益はかなり少ない金額にならざるを得なかったのである。

　しかし、労働者が不利益を受けることは現物支給だけでなく、罰金

106）Ibid., pp.436-437. 未熟練の織工の賃金は、以前の熟練工の賃金の3分の1の水準だった。

107）Ibid., p.438.

徴収制度もあった。事業主たちは製品に欠陥があったり、納期を守らなかった時は罰金を科した。これだけでなく、雇用主による様々な横暴は織工たちに損害をもたらし、労働者の怒りを招いた。このような労働者の怒りは、ラッダイト運動へ発展し、事業主の織物機は破壊対象となった。具体的な動きを見ると、1812年 1 月19日にリーズ地方の織物の仕上げ作業を担当していた織工たちが機械を破壊した。さらに、ヨークシャー（Yorkshire）などにもラッダイト運動は広がり、運動は徐々に組織的な形態で展開され始めた[108]。ラッダイト運動が組織的に展開され始めたこの時期、地方政府は組織的行動に対処する能力に欠けていた。また、地方の治安判事らも機械破壊運動に対する処分にはぬるま湯的な態度を見せていた。その理由は、地域の住民たちがラッダイト運動を、事業主の横暴に対する労働者の抵抗ととらえ、同情的な態度を示していたからである。このように地方裁判所のぬるま湯的な態度と地域住民の応援を背景に、ラッダイト運動はさらに拡大し、機械破壊の規模も大きくなった。例えば、ハダースフィールド（Huddersfield）付近の作業場に押し寄せた労働者たちは織物機30台を破壊した。また、ラウドン（Rawdon）にある作業所に侵入した織工たちは40台の機械を破壊した。このように広範囲な地域に労働者の機械破壊運動、すなわち、ラッダイト運動が展開されると、地方の治安判事は事態を徐々に深刻に受け止め、スパイを労働者組織に浸透させ、ラッダイト運動の内情を把握しようとした。事業主たちも自ら連携し、ラッダイト運動の鎮静化を図るため、秘密結社を作り、情報提供者に補償金を出すなど対策を打ち出し始めた。

　事態を深刻に受け止めたウェストヨークシャーのホアベリー

108）Thomis, op.cit, p.35-37. 仕上がりを担当する織工たちは120cm－150cm、15kgの大きさのなる織物をハサミで表面に飛び出ている部分を切る作業を意味する。

（Horbury）の治安判事は事業主に機械使用を中止し、危険を避けることを勧めた。しかし、事業主は判事のアドバイスを受け入れず、工場運営を継続した結果、ラッダイト運動を展開する労働者の襲撃を受けた[109]。事業者に対する襲撃が増加することによって、ラッダイト運動を展開する労働者に同情的だった世論も変わり始めた。特に、1812年4月11日に発生したローフォルド（rawfold）にあるウィリアム・カートライト（William Cartwright）の工場襲撃事件はラッダイト運動の一つの転機を迎える事件であった。

　カートライトは、この地域の有志として織物産業の機械化を進める上で先進的な取り組みを行っており、同産業の事業主たちに大きな影響力を持っていた。そのため、織工たちによるラッダイト運動が拡大し、事業主への攻撃が増えると最も重要な攻撃対象として狙われていた。もちろん、カートライトもラッダイト運動を展開する労働者たちの動きを察知しながら、防御体制を整えていた。実際、同日、約200人の労働者がカートライトを襲撃したが、彼の防御によって襲撃は失敗に終わった。むしろ、カートライトを襲撃するラッダイト運動に参加した労働者の中で、2名が死傷、多くの負傷者が発生した。しかし、この襲撃事件を調べる過程で事業主と治安判事が驚いたのは、死亡した織工の2人である24歳のサミュエル・ハーレー（Samuel Harley）と19歳のJohn Booth（ジョン・ブース）は単純に事業主の横暴に反発してラッダイト運動に参加したのではなく、ロバート・オウエン（Robert Owen）の社会改革の思想に影響を受けていた。すなわち、無知な労働者たちが賃金や失業に対する不満によって暴動を起こしたという認識とは異なり、社会主義や社会改革のオウエンの思想を背景にして組織的に展開した政治的運動の側面があることに気づいたのである。これ

109）Hammond, op.cit., p.303.

に危機意識を感じた政府や事業主は本格的なラッダイト運動の抑制政策を展開するようになった[110]。

　地方政府を中心にラッダイト運動の本格的な鎮圧が始まると、労働者の抵抗もますます過激になった。ヨークシャー地方の例をみると、機械破壊から始まったラッダイト運動が武器の奪取と事業主の暗殺という形で暴力性を増していた。実際、1812年4月には、ヨークシャー地方の治安判事であったアーミテージ（Armitage）が銃に撃たれる事件とモーデン（morden）の事業主であるウィリアム・ホースホル（William Horsfall）が暗殺される事件が起きた。そして、この事件を機に、政府はラッダイト運動を主導する労働者を暴動・殺人事件を首謀した犯罪者と位置付け、徹底的な調査を始め、逮捕した[111]。

　1813年1月、ヨークシャーのラッダイト運動を展開しながら逮捕されたラッダイト運動の参加者に対するヨークの特別裁判が開かれた。この時、逮捕された労働者は全部で64人、この人たちの職業はジョン・ウッド（John Wood）という名の作業所の仕上げ工たちだった[112]。特に、仕上げ工の中で、ジョージ・メーロー（George Mellor）とツロップ（W. Thrope）は、ヨークシャーのラッダイト運動のリーダー的な存在でウィリアム・カートライト（William Cartwright）の工場襲撃事件の首謀者だった。また、この時、起訴された労働者の中には、ジョン・バーニーズ（John Baines 66歳）のような帽子製造技術者もいた。特に、バーニーズ（Baines）は、織工たちが主導しているラッダイト運動を政治的な活動の中で支援し、この運動は単に織工たちの問題ではなく、多様な職種の労働者が抱えている共通の問題であると主張した。実際、彼の主張を裏付けるように、ヨークシャーのラッダイト運動によって

110）Ibid., p.306.

111）Ibid., p.309.

112）Hammond, op.cit., pp.324-325.

逮捕された労働者の職業は、船員、帽子製造技術者、靴職人、家具製作工具、織工に至るまで多様だった。しかし、ラッダイト運動を切実な思いで展開したのは、他の職業より仕上げ工たちが目立った。その理由は、仕上げ工たちは熟練した技術を持ち、機械化が進む前まで完成品価格の5％である給与をもらい、週に30シリングを得ていた。このようにかなり高い収入を得ていたが、機械化によって生計に直撃を受けたのである[113]。詳しくいえば、機械化により、88時間かかる作業を成人労働者1人と補助の少年1人が12時間で終わらせることができ、1人の労働者が2−3人分の仕事をこなすことができた[114]。機械化は、労働者の仕事場を奪うとともに賃金を安くする原因となり労働者たちが工場の機械を破壊するラッダイト運動の起爆剤となったのである。その後、さらに進んだ機械化によって仕事を奪われるという不安感と賃金削減による生活苦に対する不満が高まり、各地にラッダイト運動は広がりを見せるようになったのである[115]。もちろん、ラッダイト運動が拡大する中で、労働者たちが暴力的手法で抵抗することしか考えたことではない。織工たちの場合は、組合を通じて約13万人の署名を集め、最低賃金制度の導入を議会に請願した。しかし、議会はこれに対して何もできないと請願を却下した。それにも屈せず、労働者たちは、1811年に、マンチェスターの約4万人の織工とスコットランドの織工約3万人という労働者が主導し、再度最低賃金制度の導入と経済的貧困層の救済を求める内容の請願を議会に提出した。そうすると、議会は前回同様、今はどんな措置も実施できないと答えた。その結果、労働者はラッダイト運動を本格的に展開し、1816年9

---

113) Ibid., pp.325-326.

114) W.B. Crump. (1935) *History of the Huddersfield Wollen Industry*, p.99.

115) J. Steven. Watson. (1960) *The Region of George III*, p.510. ランカシャーの織工たちの収入をみると、1800年は13シリング、1806年は10シリング、1812年には6シリングに削減されたのである。

月、レスターシャー（Leicestershire）地域のラッダイト運動のリーダー
であるジェームズ・タウル（James Towle）が逮捕されるまで継続した。
しかし、リーダーである彼の逮捕により、中部地域のラッダイト運動
は終焉を迎えたのである。

第 3 節　ラッダイト運動の思想の拡大とその価値

　最近までラッダイト運動に関する評価は、機械破壊と暴力的騒動を
起こした集団という否定的な見解が一般的であった。そして、このよ
うな否定的評価をもたらした重要な要因となったのが、下層階級の労
働者または失業者というラッダイト運動に参加した人々の属性であっ
た。すなわち、社会的下層階級の人々が経済発展の中で適応できず生
活苦に陥った不満から暴動を起こし、工場主や資本家の財産を略奪し
たというのが、ラッダイト運動に参加した労働者に対する認識だった
ため、ラッダイト運動に関する評価は暴力的騒動や犯罪のイメージが
定着していた（Jones 2006）。そのためか、一部の歴史家や社会学者で
すら、当時のラッダイト運動に関する記録において新聞記者や中産階
級の人々が使っていたラッダイト運動に参加した労働者に関する呼び
名である「泥棒、ごみのような人間」という言葉をそのまま使ってい
た。その結果、ラッダイト運動の参加者を蔑視するような言葉が広が
り、彼らが起こした民衆運動は暴力的行為であるという認識が定着す
るに至ったのである。まさしく、社会階層に基づいた民衆運動の評価
がなされることで、ラッダイト運動は下流階級に属している人々の社
会的不満による暴動として扱われるようになったのである[116]。

　産業革命に伴い機械化が急激に進む中、下層階級を蔑視するような

116）Ibid., p.197.

言葉が広がりを見せたが、下層階級は逆境の中で自らの社会的地位を確立する存在として浮上し始めた。ハーリーソン（Harrison）の研究から見ると、1814年にラッダイト運動を起こした労働者たちは一勢力の労働階級として成長したのである[117]。

表9　1814年　社会階層区分

身分		世帯数（戸）	全体人口（人）
1最高身分	王族、聖職者、上院議員、貴族、国務委員	578	2,880
第2階級	准男爵、ジェントルマン、その他の裕福層	46,861	234.305
第3階級	高位の聖職者、高級官僚、高位の法律家、上位の医師、大規模の製造業者、高位の銀行家	12,200	61,000
計		59,639	298,185
第4階級	教会と政府の下位従事者、他の宗派から尊敬されている聖職者、法律家、医師、上流階級の子女を教える教師、上級の土地保有者、2級商人と製造業者、高級商品の小売業者、美術家など	233,650	1,168,250
第5階級	下級の土地の保有者、2級小売業者、旅館の主人	564,799	2,798,475
第6階級	技術者、熟練の職人、農業従事者など	2,126,045	10,072,723
第7階級または最下位の階級	貧困者とその家族、物乞い、犯罪者など	387,100	1,828,170
計		3,311,594	15,867,618

（Hamson 1985）

　上の表から見ると、ラッダイト運動を展開した労働者は第6階級に属しており、この階級は数年後には労働者階級に吸収され、ラッダイト運動が労働者階級の機械化に対する抵抗運動として認識されるようになった。それでは、具体的にラッダイト運動を主導した労働者たちはどのような教育的バックグラウンドを持ち、どのような仕事に就いていたのかを見てみよう。

　ラッダイト運動を起こした労働者たちは、それぞれの地域で盛んな産業に従事している労働者であった。つまり、ニット生産の中心地で

117）J.F.C. Harrison.（1985）*The Common People of Great Britan*, Bloomington Indina University Press, p.228.

は編み物の労働者たちが、毛織物産業が繁盛している地域では毛織物の生産部門に従事している仕上げ工たちが、主要な役割を担っていた。もちろん、ほかに様々な職種の労働者がラッダイト運動に参加したのも事実だ。ところが、ここで注目すべき点は、このように様々な職種の労働者がラッダイト運動に参加したにもかかわらず、これらの労働者に共通する特徴は、彼らのほとんどが手工業に従事している職人だったり、徒弟式の教育を受けた労働者だったという事実である。過去、職人と見習い式の教育を受けた労働者は、誰でも、経歴を積むと労働者や弟子を率いる作業場の所有者になることができた。このように地位を得ることができたため、手工業はそれなりに社会的に認められる職種となっていた。

　しかし、機械化は、職人たちが自分の社会的地位だけでなく、職業そのものまでの脅威を感じさせる要因となった。つまり、機械化による賃金低下、不完全雇用、徒弟制度の崩壊などで、作業所を営んでいた職人は危機感を抱き始めたからである。そして、このような危機意識は、職人と手工業者がラッダイト運動に参加することになる決定的な契機として作用した。つまり、手工業者は、7 年間の見習い工の生活と職人としての 2 年間、合わせて 9 年間働いてようやく作業所を営む地位を得られたのに、機械化が進むことで大手作業所は安い賃金で労働者を雇い、大量に生産したものを安価で市場に供給することで、収益が急減したため、その不満からラッダイト運動に参加するようになったのである。

　裁判記録に記されているラッダイト運動に参加した労働者たちの平均年齢を見ると、20代から30代が主流となっていた。特に、1811年から1816年の間、ラッダイト運動と関連して逮捕されて有罪判決を受けた42人の労働者の平均年齢は30.7歳だった。また、死刑宣告を受けた38人の労働者の平均年齢は25歳から26歳ぐらいだった。それでは、な

ぜこのように若い労働者がラッダイト運動の過程で、主に重い刑を受けたのだろうか。

　その理由は、処罰された労働者のうち、徒弟式の教育を受けていた労働者が多かったからである。当時の一般的な徒弟式の教育課程の 7 年を経れば、ほとんどの労働者の平均年齢は26歳もしくは27歳になった。そして、実際に教育期間を終えて、職人としての地位を確立すると結婚をして家庭を設けた。その結果、このような彼らのキャリアと私生活の動向を見ると、ラッダイト運動を展開する過程で処罰を受けた労働者の大多数は子供を3－4人持つ家庭の主だった。つまり、ここで注目すべきは、ラッダイト運動に参加した労働者たちは家族の生活を守るべき立場にあるにもかかわらず、逮捕されるリスクを背負いながらこの運動に参加したことである。このような彼らの決断から見ると、ラッダイト運動は、機械化によって変わる環境の変化が自らの生活を脅かす要因であると認識していたことは間違いないだろう。

　それでは、ラッダイト運動に参加した人々の教養の水準はどうだっただろうか。当時逮捕された労働者は、少なくとも治安判事の警察の報告書の内容を理解し、その内容に対して署名できる能力を持っていた。特に、ラッダイト運動を主導したリーダーの場合は、決議文と議会に提出する請願書を作成することができる能力を持っていた。一例として、織物工たちの労働組合のリーダー的人物であるグラヴナー・ヘンソン（Gravener Henson）のような人は、労働組合と関連する法律に豊富な知識を持ち、結社禁止法の廃止運動の基礎を築いた。特に、ヘンソン（Henson）は産業と労働組合に関連する法律の知識を活かし、労働者にラッダイト運動の思想を吹き込むのに重要な役割を担った。実際、ラッダイト運動に関わった労働者たちが読み書きもできない無知な人々であるという支配層の偏見とは異なり、実際、ラッダイト運動を展開した労働者の多くは、読み書きはもちろんのこと、法律やそ

の他の社会的変化を把握可能な識見を持っていた。そして、このような労働者の知的水準がラッダイト運動の拡大とともに、逮捕されるたびに法的な戦いを通じてラッダイト運動の必要を訴えるきっかけとなり、この運動の拡散を導く原動力となったと理解できる[118]。

　労働者の能力を調べる過程で知ることができたように、彼らの機械化への抵抗は、単なる感情的な暴力的行為ではなく、社会変化に対する批判的認識を土台にした法的請願などの合法的抵抗が拒否された後、突出した行為で見ることができる。もちろん、彼らの暴力的行為、特に司法当局から厳しい処罰を受けた行為は容認できない。ただし、それらを今まで機械化への暴力組織にのみ焦点を当ててラッダイト運動を捉えることは再考する必要がある。何故ならば、ラッダイト運動に参加した労働者の中では、機械化によって生計を奪われるリスクもない労働者が多く参加したという事実があるからだ。さらに、1812年2月の判決から見ると、治安判事の中にはラッダイト運動の思想に共感を示しながら寛大な処罰を下した判事が多数あると同時に、機械化とはゆかりもない支配階級のある議員も思想に共感を示したからである。

　　今まで、織物職人たちの生活を見ると、彼らは常に飢えており、顔は常に心配なことでいっぱいの様子だった。おそらく、皆さん議員たちは卑しい存在として見ていたことは周知の事実です。また、彼らの生活や仕事に関してはあまり関心がなかったと思います。しかし、彼らにも、自分の命をかけて扶養しなければならない妻と子供がいます。そんな中、機械に仕事を奪われる状況になっている。普通に考えても、彼らは仕事を機械に奪われ、家族を養うことができなくなることに危機感を抱くでしょう。しかし、

118）J. Rule.（1986）*The Laboring Classes in Early Industrial England 1750-1850*, London, Longmans, pp.364-367.

もっと深刻なのは、単に仕事を奪われるのではなく、彼らの労働の価値を否定することで彼らが感じる絶望感だと思います。

　問題は、彼らが仕事を失い、家族を扶養することができないのが彼らのせいではないということです。さらに、いま、彼らが抵抗し、犯した新しい犯罪は過去の暴力行為と同一の理由で犯した犯罪ではなく、新たな動機で出された犯罪であります。それで、私はその犯罪が新しい犯罪であるゆえに、慎重に考える必要があると思います。それにも関わらず、今彼らは、彼らの仕事を奪う機械を購入する人たちの話を聞いて作った法律によって裁判を受けるため、法廷に立たされています。それで、彼らは私たちのような支配層の利益を代弁する人のために作られたその法のために犠牲になるでしょう。間違いなく、彼らは家族と別れて生活を根こそぎ奪われ、罰されるでしょう。そして、彼らを罰するために、今、二つの要素も備えています。一つは、殺し屋のような陪審員12人とジェフェリーズ（Jeffreys、英国の歴史の中で最も邪悪な裁判官）のような判事です[119]。

　このような上院議員の演説に見られるように、全ての人がラッダイト運動を違法行為として捉えていたとは言えない。実際、一部の判事も、ラッダイト運動が単純な暴力的な行為に代表される運動ではなく、方法論的には、間違っていたとしても、その趣旨は、機械化という現象がもたらす社会の変化のために合理的な根拠に基づいた抵抗運動の一つとしてとらえている。

119）F. Peel. (1888), The rising of the Luddites: Chartists & Plugdrawers, Heckmondwike, UK, Senior and Co Printers, p.70.

第 4 節　ラッダイト運動の省察と意義

　ラッダイト運動の内容を整理すると、まず、ラッダイト運動が機械破壊運動であったことは間違いない。しかし、1811年から1816年の間に実施されていたラッダイト運動の展開過程と歴史的評価の視点の変化を見ると、この運動は二つの意味を内包している。

　一つは、織物工たちの仕事を代替する機械に対する反発であり、もう一つは、織物工たちの労働者の結集から現れた雇用主に対する不満の表出であった。しかし、ラッダイト運動の意味をさらに突き詰めれば、その意味は単に仕事を奪う機械化に対する抵抗や雇用主に対する不満という意味のほかに、労働者、厳密に言えば、織物工たちが職人意識を持って家族を支えているという自尊心が破壊されたという危機意識があったことに注目する必要がある。すでに本文の中で言及した労働者たちの議会に対する請願や裁判での発言などから見られるように、彼らは織物工として自立するまでおよそ 7 年間の修業、そして一人前になり家庭を持ち自らの作業所を持つ中で、職人としての専門性を社会に評価されることから自らの労働者としてのアイデンティティを形成していた。

　しかし、機械化によって職を奪われることへの危機感を抱くとともに、自らの自尊心と存在価値を認める闘いとしてラッダイト運動を展開したのである。そして、この点に注目すると、ラッダイト運動は単に暴力的手法による機械化への抵抗ではなく、議会への請願による政治参加、労働者としての結集による労働運動という政治意識の表出であったと理解できる。ただし、この労働者の政治意識の形成と表現が評価されなかったのは、彼らの抵抗の方法が暴力的であったことに起因する。整理すると、長い間、ラッダイト運動は機械化が進み自らの仕事を失うという危機意識から始まり、暴力的抵抗の象徴として語ら

れた。しかし、現在では負の評価一色だったことを反省して、当時の社会変化、特に機械化という産業構造の変化の中で職を失う可能性が高まった労働者の理性的抵抗であり、その抵抗を支える思想の拡大という面でより客観的な評価が出されつつある。

　現在、ラッダイト運動が生み出した労働者の抵抗の歴史は200年の歳月を経て、第4次産業革命の時代の波の前で、労働者の職が人工知能やロボットなどの第4次産業革命のツールに代替される中、再度労働者が技術革新という変化にどのように対処するのかという点から歴史的に類似している事例として注目されている。具体的にいえば、世界的な研究機関やグローバル企業は、人間の仕事をロボットと自動化機械に置き換えるために着々と新技術の導入を図っている。例えば、アメリカの公共ラジオ局のNPRは、社内のテレマーケティング、税務代理人、機械タイヤの組立工、ローン審査業務、銀行員、スポーツの審判、配信調達担当職員、クレジットアナリスト、運転手などをロボットに代替される職業として発表した。実際、第4次産業革命が進む中、雇用をめぐる環境の変化は私たちの生活の身近なところで確認することができる。例えば、ETC端末の活用が拡大することで、道路料金徴収員の仕事は減っている。警察の交通違反の取り締まりと違反通知の発行は、無人カメラと自動化システムが代わりに務めつつある。また、オートメイトインサイト（AI）が開発した「ワードスミス（Wordsmith）」は、2015年には、1週間に500万個という記事を書き、新聞記者の仕事を脅かしている。要するに、既存の社会で多くの人間が担当していた仕事がロボットに置き換えられており、私たちの社会の隅々で非常に速い速度で進行している。そして、その事例はあまりにも多いためいちいち列挙することは不可能に近い。

　このように多くの仕事がロボットなどに変えられると、自然と失業者の数は増えると思われる。そうすると、200年前のラッダイト運動

を展開した労働者のように、自動化に対抗し、自らの職を守ろうとする集団的行動が起きる可能性もある。しかし、今の労働者の理性と教養の水準を考えると、200年前のような暴力的手法で問題解決を要求することはないと思うが、少なくとも失業する労働者の家族まで生活が困窮な状況に直面することは自明な事実である。したがって、労働者たちは、このような技術革新による失業の拡大という近い未来の社会変化に対応するために準備をしておく必要がある。

　それでは、どのように、何を準備すればいいのだろうか。この問いに対する考察を進めるために、一つ事例として1960年代、農業近代化と呼ばれる農業の機械化と産業の変化の過程で、この問題に能動的に対処しようとして格闘した農民たちのケースを次章で紹介し、第4次産業革命の時代に労働者がどのように対処すべきかを考えていく。

第 4 章

農業近代化過程における
変化を先取る学びの実践

第1節　農業近代化という時代動向

　1960年代という時代はどのような時代だっただろうか。人々が生活していくなかで、その時代には必ず何らかの社会的・経済的諸問題に直面することになる。その意味で、1960年代という時代は近代化[120]という問題に直面していたといえる。しかし、なぜ近代化が問題とされるのだろうか。その理由を農業経済学者の佐伯尚美の言葉を借りて見てみよう。

　1960年ころから始まる高度経済成長は、日本経済・社会の全面にわたってきわめて大きな影響をおよぼし、その構造を大きく変えていくのであるが、それはとりわけ農業において深刻であった。これまで日本資本主義の底辺に位置し、「百年不変」の構造を強固に維持し続けてきた日本農業は、高度経済成長を経ることによって、量的にも質的にも急速な変貌を続けていく。それは一言でいえば、伝統的な農業構造が崩壊し、農業の「近代化」が進んだということになるであろうが、しかしその「近代化」ではなかった。経済成長があまりにも急速にしかも一面的に行われたため、農業の適応にも様々な歪みが生じることとなったからである[121]。すなわち、「近代化」が問題とされた理由は、上記の「歪み」をどのように把握し、理解するのかが課題となったからである。つまり、「歪み」に対する認識の問題である。では、「歪み」とは具体的にどのようなものであるかをみると、次の二つの点からあげられる。

　第一は、1961年農業基本法の成立である。「日本農業の担い手であ

120）ここで使われた「近代化」の意味は、広義の意味での A. Giddens と U. Beck などが問題視している Modernity の問題と狭義の意味で農業近代化という日本的な問題の両義的側面をもっている意味で使われた概念であり、今後検討するべき点であると思われる。

121）佐伯尚美（2001）『農業経済学講義』東京大学出版会、p.77.

る個々の農家はあまりに零細で、現実の農業の生産性は低く、近年他産業との間に生産性・生活水準の格差がひらき、農産物の消費構造変化、他産業への労働力移動の現状に対応しきれていないという問題認識」[122)]から「農業の自然的経済的社会的制約による不利を補正し、農業従事者の自由な意志と創意工夫を尊重しつつ、農業近代化と合理化を図って、農業従事者が他の国民各層と対等な文化的な生活を営むことができるようにすることは、農業及び農業従事者の使命にこたえるゆえんのものであるとともに、公共の福祉を念願するわれら国民の責務に属するものである」[123)]という意図から成立した農業基本法をめぐる問題であった。

第二は、農業基本法とその法のもとで実施される農業構造改善事業の問題である。「農業構造改善事業は、商品性の高い単一の農産物に地域の農業生産を特化し、生産性向上を図るものであった。規模拡大による費用低下で農家の収益性をあげるということであったが、実際には、特化した農産物の価格条件如何が収益性にとって決定的であることはいうまでもない。農産物輸入の自由化が進展し、一方自由競争的な市場での大量商品の増産が追究される状況では、価格はむしろ低落するのが当然であった。しかし、元利償還の重荷を担う農家にとって、コストダウンは必ずしも容易ではなかったのである」[124)]。すなわち、「農業の技術革新と戦後農業労働力の大幅な減少」[125)]という必然的で決して農業を営む上では避けられない問題に直面した結果から生じた問題である。

このような二つの問題が「近代化」過程に生じた「歪み」である。

122）橋本玲子（1996）『日本農政の戦後史』青木書店、p.65.

123）同上、p.65.

124）同上、p.69.

125）佐伯尚美、前掲、p.80.

以下では、このような「近代化」の「歪み」を学習しようとした人々が、その「歪み」から何を学び、実際彼らにとって学習とは何であったのかを信濃生産大学という事例を通して検討する。

第 2 節　信濃生産大学という学習実践

1. 信濃生産大学の成立

　信濃生産大学は、農業近代化が展開される中、どのような経緯で生まれたのだろうか。まず、信濃生産大学に対する研究の流れからみると、信濃生産大学は歴史的な自然の流れで自然発生的に生まれたものではなく、地域の中で内在した学習者の主体的な活動の地盤の上に立ち、意図的・計画的に実施されたものである。

　では、その意図的に作られたプロセスをみてみよう。まず、地域で能動的学習をおこなっていた学習者の存在を確認する必要がある。彼らは、1950年代後半長野県下では社団法人農村文化協会が発行した「農村青年通信講座」という雑誌をテキストとして学習活動をおこなっている農村青年たちであった。彼らは長野県農村文化協会（以下、農文協）と名づけた学習組織を発足させ、農業近代化の状況下で組織的学習を行っていた。その中で彼らの学習を象徴する事例がある。

　　1950年代当時に動力耕耘機はまだ全国で 1 万8,410台しか普及しておらず、都道府県で1,000台以上の普及は、岡山（4,000台）、福岡（2,600台）、新潟（1,100台）の三県しかなかった頃、農村の若者たちにとっては、耕耘機はあこがれのまとであった。（中略）ところが長野県 S 村のある若者が、どうしても耕耘機がほしくなった。しりあいの農機具製作所へいって、きいてみると、組み立て前の部品だけなら一セット半値になる、という。そのうちバック

ギアを節約すると、8万円ぐらいでなんとかなりそうだ、という
ことがわかった。"しめた"と彼は、バックギアなしの耕耘機の
組み立てにとりかかったのである。とりあえず借金をして1台分
を組立てて、それを友人に売って、半金で2台めを買う、という
ようにして、自分の分もふくめて、ざっと10台は作った。狭い道
で車にあったら、こっちはバックできないが、そっちにはバック
ギアがついているだろう、と談判したものだ、という。車がまだ
少ない時代、農民がまだ貧しくて、耕耘機もまともに買えない時
代、であった。奇想天外な節約の工夫で、自力で耕耘機を手に入
れた若者の話である。購入した農業機械を、自分の作業、経営条
件に合わせて改造して使う農民たちに、村でよくであう。1950年
代は、様々な稲刈機の工夫が、農民の間で試みられた時代であっ
た[126]。

　このような事例から見られるような青年の発想は、信濃生産大学を
構想した宮原誠一によると次のように述べられている。
　「私たちが関係している長野県や関東の一部の農村についていうと、
昭和34年から35年にかけて、青年の学習運動に一つの転機が画された
とみることができる。その転機は、これまで青年の学習運動の主流を
なしてきていた20代前半の青年たちによってではなく、これまではそ
こで学習運動がおわりをつげ、消え去っていた20代後半の青年たちに
よってもたらされたものである」[127]。言い換えれば、学習者がみずか
ら創造的な発想を生み出し、その背後に彼らが自ら取り組んだ学習活
動があったことを意味する。つまり、信濃生産大学が創設されるため
の一定の学習の地盤が形成されていたことが示されている。このよう

126）橋本玲子、前掲、pp.38-39.
127）宮原誠一（1962）『青年期教育の創造』国土社、p.24.

な地盤の上で、信濃生産大学は、信濃生産大学の主催側であった駒ヶ根市と当時東京大学教授である宮原誠一との協働によって生まれたのである。具体的な経緯を宮原は次のように述べている。

　　駒ヶ根市でスタートしたことは、駒ヶ根市の助役をしておりました助役さんがおられまして、このかたが青年好きなんですね。それと市長さんも大変理解があって、ご自分もお若いときに青年の塾なんかやられたそうで、たまたま市長・助役コンビがよかったもので、助役さんは、私は前から存じあげていたものですから、話がトントンいったんですね。実は私がもちこんだのじゃなくて、上伊那郡中川村という村へ社会教育の調査に行っているときに、村役場へ助役から電話がかかってきて、帰りにちょっと寄ってもらえないかというので、寄ったんですよ。駒ヶ根市の市役所へ。そうしたら助役さんが、あなたは生産教育ということを言っておられるようだけれども、生産教育でもって青年教育をやってみたいと思うんだけれどもどうだろうか、と言う。こちらはさっき申しあげたようにたまたますばらしい青年のグループとも接触しておったものですから、それはやりましょう、というので信濃生産大学というものが始まったわけです[128]。（傍点筆者）

　つまり、行政の側と研究グループの側の協働によって、学習地盤を構築していた具体的な青年たちの力をさらに発揮させるために両者が意図的・計画的に組織し、始まったのが信濃生産大学であったと理解できる。次は、信濃生産大学の具体的な中身（学習内容・方法）を検討する。

128）宮原喜美子編（1980）『夕陽　―宮原誠一遺稿―』文久堂、p.117.

2．信濃生産大学の学びの展開

⑴　信濃生産大学の学習方法

　信濃生産大学の学習方法は二つの特徴をもっている。第一は、「学習の三重構造」である。学習の三重構造とは、信濃生産大学に関わった研究グループのリーダーである教育学者宮原誠一によって考案されたものであるが、「サークル学習－セミナー学習－生産大学の学習」を段階的に実施することを指している。まず、サークル学習は、日常的に同じ学習に関心をもっている人々がそれぞれの地域で行う学習活動である。セミナー学習とは、日常的なサークル学習を基盤とした上で、サークルの代表が全県と地域の中間的なレベルで集り、それにその学習内容の学者・専門家も加わって行われる学習である。そして、生産大学の学習は、セミナー学習を行った上で、それぞれの地域のセミナー学習で行われた内容を用いて広域的なレベルで、専門家も加えて学習を行うことを意味する[129]。

　第二は、「新しい討議方式」である。信濃生産大学は講義よりは討議中心に進められた。討議とは信濃生産大学のなかで非常に重要な意味をもつものであった（表10参照）[130]。

表10　第7回信濃生産大学の日程の一部

第1日	第2日	第3日
12:00～14:00　受付	8:00～12:00　分散討議（1）	8:00～11:00　全体総括討議
14:00～15:00　開講式	12:00～13:00　昼食	11:00～11:30　閉会式
15:00～18:00　講義	13:00～16:00　分散討議（2）	
18:00～19:00　夕食	16:00～18:00　全体討議	
19:00～22:00　講義	18:00～19:00　夕食	
	19:00～22:00　分散討議（3）	
	22:00～　　　　有志懇談会	

（資料のもと筆者作成）

129）第2回信濃生産大学要録、総主事の方向付けから、筆者が整理したものである。
130）第7回信濃生産大学実施計画書より

　討議方法として用いられたのが、「チューター、リーダー、レポーターの三つが中心となって討議を進める方式をとる」[131]ということである。つまり、この方法の狙いは、宮原誠一が、「わからないことはわからない、あやしいことはあやしい、のみこめたのはのみこめたとはっきりいい、自分たちの営農のすべてをさらけだし、一緒にやろうではありませんか」[132]と述べたことからも理解できるように、学習問題に対する認識論を確立するための方法であった。このような討議の方法が当時の社会教育実践の中で、先進的でかつ学習者にとって評価されたのはなぜかということは、学習方法の側面から見ると重要な論点のひとつである。そして、学習方法の実験的な先進性と意義については、時間軸から把握することができる。まず、当時の学習に直接参加した人々の記述をみてみよう。

① 分散討議から個々の人達の活動を具体的に聞くことが出来た。

② 講義、分散討議、全体討議から、はじめテーマに対して問題がありすぎてどうとらえて良いのか整理できなかったが、運営委員会の問題整理（第3日）で納得した。

③ 講義から農業に対する、農民に対する苦しみの根源をつく基礎的なものをわかった。

④ 分散討議；実践報告をくわしくきけたのでよかった。

⑤ 分散討議；講義で知った農業政策、経済体制の状態の上に立って、農民の身の上にふりかかっている切実な苦しみとそれへの闘いのなまなましい体験を知って、力を感じ感激した。

⑥ 分散討議；各地域での生々しい活動を話し合わせ、どんなことをしても立ち上がるんだというようなきもちになった。

131）第7回信濃生産大学総括会議記録より
132）信濃生産大学第2回記録、宮原誠一（信濃生産大学総主事）の方向づけより

⑦　講義・分散討議から活動家の話がいろいろと聞かれ、これから
なんとかやっていこうと考えているので、参考となった。しか
し、課題は難しかった。

⑧　分散討議；県下各地域の実態がよくわかった[133]。

　すなわち、講義と分散討議と全体討議が展開されたことから、学習
者たちは農業近代化過程において直面した問題（「歪み」）という同じ
問題を抱えた人々の報告から、生々しく理解できたことが彼らにとっ
て意味があったと思われる。さらに、他の地域などで行われている学
習活動や近代化問題に対処するための取り組みなどを聞くことによっ
て、事実を把握し、刺激を得たことが分かる。宮原誠一の方向づけと
合致する学習者の理解や認識が出されたといえるだろう。

　しかし、このような学習方法は、過去の価値だけではなく、今日に
おいて学習者にとってどのような意味をもっているのかを確認する必
要がある。学習に参加したA氏（長野県S村）は、当時を振り返って
次のように述べている。

　生産大学、農民大学だけでやってくのが、かなり視野は広げら
れるようになった点では、労働者との関係や、地域との関係なん
かも、いろんなテーマを農民だけで見ずに、地域開発っていう問
題でも、地域との関係とか、あるいは労働者農民や、全体、全体
としてとらえるようになった点では、視野の広さがあったからの
ような、気も、しないわけではないですけどね[134]。

133）第9回信濃生産大学のアンケートより抜粋
134）地域基底研究会による信濃生産大学の参加者A氏の聞き取りより（1996年11
　　月15日聞き取り）

　A 氏の話からは、生産大学の学習を通じて自らの「視野の拡大」を学習者自身が認識していることがわかる。このような「視野の拡大」をもたらした学習の背後には、一人学習の限界を克服した同じ問題を抱えた人々との長時間のコミュニケーションにもとづいた学習方法があったからこそ可能になったと思われる。つまり、当時の学習者たちが問題の実態を討議によって"事実認識"しようとしたことに学習の意義があったとするならば、今日の学習者による生産大学に対する認識は、自分自身の視野の拡大へ変っていたのである。そうすることで、より自分の身近な問題から他の問題を関連させるまで視点を拡大したとみられる。このような点からみると、農業近代化の学習において信濃生産大学が取り組んだ学習方法は、重要な意味をもっていたといえるだろう。

(2)　生産学習という新たなとりくみ

　1960 年代の信濃生産大学の学習内容の特徴を社会教育の歴史からみると、1950 年代の共同学習と異なる特徴をもっていることに注目する必要がある。共同学習の歴史的経緯は、「1951 年に全国の地域青年団の結集によって誕生したが、行政の指導関与、とりわけ青年団学級法制度化をめぐる文部省と緊張・確執関係にあった日本青年団協議会（日青協）によって、それらの活動が組織における青年の主体性を守る原点であるととらえられ『共同学習』の名によってその普及推進が行われたものであった」[135] と記されている。また、共同学習を進める有効な方法として生活記録学習の方法を取り入れており、一定の成果もあったことは事実であったと評価されている[136]。しかし、1950 年代後半の時期になると、共同学習の提唱者の一人である吉田昇が「共同学習のゆきづまりをどう打開するか」と問題提起していることから見られる

135）碓井正久（1994）『生涯学習と地域教育計画』国土社、p.182.
136）日本社会教育学会編（1988）『現代社会教育の創造』東洋館出版社、p.270.

ように[137]、共同学習はゆきづまっていたといえる。この点に関して、藤岡貞彦は、共同学習が直面した問題点を次のように指摘している。

　　かつて共同学習は、身近な問題を話し合いで発見し、課題化し、解決していく学習方法だとされ、その「身の廻り主義」や低次の「問題解決学習」が批判され、学習の「非系統性」が指摘されてきた[138]。

　藤岡は、共同学習の限界として「非系統性」であった点を指摘している。また、共同学習のゆきづまりの原因は封建遺制の根強さ、旧勢力の立ち直りによる運動の衰退に求められているが、封建的なものと資本主義の結びつきによる近代社会の矛盾の側面がクローズアップされるような生活の変化に着目していることが重要であると指摘している。そして、この矛盾を解明するには知識が必要であり、系統学習が求められており[139]、1950年代の共同学習の限界を克服するために、系統的学習が要求されたと述べている。つまり、1950年代の限界を克服するためのオルタナティブ（alternative）として出されたのが、信濃生産大学の系統的学習内容編成という形であり、生産学習[140]という名のもとでとりくまれた学習実践であったと思われる。

3．信濃生産大学の学習とその特徴

　歴史的な系譜からみて、共同学習の限界を克服する形態として現れ

137）藤岡貞彦（1977）『社会教育実践と民衆意識』草土文化、p.247.
138）同上、p246.
139）同上、p189.
140）尹敬勲（2002）「系統的学習内容編成の現代的考察−信濃生産大学を中心として−」、『東京大学大学院教育学研究科紀要第42巻』東京大学大学院教育学研究科、pp459〜470.

た信濃生産大学の学習内容の全体的な特徴は、系統的な学習であった。そして、この特徴は第 2 期の学習内容である「農業構造改善事業」と第 3 期の学習内容である「地域開発」の学習の中でよく現れている。学習内容の特徴を具体的にみると次のように把握できる。

　第一は、"現地視察"による学習するべき問題への本質的・事実的アプローチである。例えば、「第 7 回生産大学（1963 年 8 月）では、実施段階に入った福島県桑折町の構造改善事業の実態の調査報告」[141] という「現地視察」を実施した。現地視察調査団は視察の結果、次のような問題点を報告していた。

　　基本法体制下で、圧倒的多数の農家経営は年ごとに著しく急速に崩れ、規模拡大は解決になっていない。土地・労働力・水を農民から奪う方途として、構造改善的事業があらゆる面であらわれてきており、法の整備が急速にすすめられている。調査団が現地で発見したのは、近代化が完全に前近代化的にすすめられていたことである。農民の承諾も許可もなく工事は着工され、土地改良は強行され、収支明細も知らされぬまま集団化・機械化がすすめられていた。そして、（中略）調査団は構改事業が唯一人の農民の要求にももとづいていないこと、生産性は上っても所得は必ず減り、その分出稼ぎと兼業が激増していることを明らかにした[142]。

現地視察による手順を踏まえて上で、学習者みずからの視点にもとづいて事実をとらえようとする作業は、1950 年代の共同学習の学習方法である生活記録学習のなかにもあらわれている学習者の視点という

141）小林元一（1964）「生産大学運動の構造－信濃生産大学を中心に－」宮原誠一
　　編『農村の近代化と青年の教育』農山漁村文化協会、p.241.
142）同上

のを継承しながら、より政治的・経済的な視点をふまえて問題をとらえようとする発展的な様子がみえる。言い換えれば、生活をより体系的に把握しようとする努力であったといえる。このような現地視察という作業は、1950年代を超えて、学習内容を系統的に編成する土台を作ったのである。

　しかし、ここで終ってしまえば、信濃生産大学を系統的であると評価することは難しい。次のプロセスがあったからこそ信濃生産大学の学習の系統的な側面を評価することができる。それは、学習内容が連続性を保っていることを意味する。それが第二の側面である。現地視察に基づいて行った学習に対して、当時の調査参加者の一人は次のように記している。

　　第7回生産大学（昭和38年8月）では、実施段階に入った福島県桑折町の構造改善事業の実態の調査報告によって、当初は農民の要求にそうかのごとくよそおっている面もあった構造改善事業も、現実に実施段階に入るにおよんで、保障なき労働力の大量排出をともなった大型機械化作業体系とそれにみあう土地基盤整備の強要、農民要求の完全なすりかえ、計画査定の低さとそれにともなう粗雑工事によって実質的にいっそうぼう大となる負担金、小農に不利な換地処分、不満をそらすための秘密、非民主的なすすめかたなど、中・小農民追い出しの本質をあらわにしていること、構造改善事業が、「地域開発」のために、安く大量の労働力、土地、用水を提供する役割をになわされていつこと、などが具体的にあきらかにされていったのである[143]。

143）同上

　ここで注目すべき点は、「構造改善事業が、「地域開発」のために" という文脈である。なぜならば、第 2 期の "農業構造改善事業" という学習内容が、①第10回の学習内容（地域開発と日本農業）、②第11回学習内容（地域開発と自治体）、③第12回学習内容（地域開発の変容過程）」[144] という第 3 期の学習内容の一つである「地域開発」に連結されているからである。このような学習内容の特徴は、学習期間によって学習内容が変っていくが、それは決して、断絶的であったのではなく、連続的であったようにみえる。

　農業近代化という産業構造の変化に対応する学習実践としての信濃生産大学の学習実践の意義は何だろうか。信濃生産大学では、第 1 期の経営共同化の学習においては、農民個々人の経営の向上や新しい技術の導入など、個人に焦点をあてた学習が中心的であった。社会教育理論の分析軸からいえば、個人的・経済的機能を重視した学習だったといえる。個人的変化を社会教育の目標としてとらえたベーティー（Beatty）[145] の見解に基づけば、農業経営に注目した農民個々人の学習は、社会教育の学習として高く評価されるかもしれない。

　しかし、ハインニー（Heany）のように社会問題に関する学習と学習者の社会的役割に注目した社会教育論者の視点からみると、第 1 期で取り上げられた農業経営の学習は個人的問題であり、経済的機能に焦点をあてた学習だったため、社会的変化に能動的に対応する市民の形成という社会教育の社会的問題の視点が欠けているということになる。

　一方、第 2 期の学習は、農業構造改善事業の問題に着目していた。学習内容は、学習者の個人的問題から発展して、農業政策という農民

144）第10回信濃生産大学実施計画書、第11回信濃生産大学実施計画書と第12回信
　　濃生産大学実施計画書より
145）Beatty, op.cit., p.23.

全体と関わる社会的・政治的問題に焦点をあてていたのである。また、この時期から、農業構造改善事業政策に対し、農民たちが批判的視点から主張を行う風潮が出てきた。農政に対する批判的主張は、市民の意見を反映し、市民の政策的参加を実現しようとする社会・道徳的機能の性格の表出でもあった。すなわち、第2期の農業構造改善事業の学習の成果は、第1期の経営共同化の学習における個人的・経済的機能を重視した社会教育から、社会・道徳的機能を重視した学習へ移行することで、社会的・政治的問題に対する学習者の関心を向上させたところにあるといえる。

　第3期の学習は、農民を対象とした農業問題を超え、地域問題に関する地域住民・市民の学習に焦点をあてていた。この時期から取り上げる学習テーマは農業だけでなく、地域開発政策に代表される地域社会の問題などへ拡大された。その結果、第3期の学習は、経済的・個人的学習の視点から完全に脱皮し、地域社会の問題を地域住民の視点からとらえ、その問題解決のための運動をめざすという結果を生み出したといえる。こういった学習を経て、問題解決に向けて運動を行うことは、社会運動を実践し社会変革を試みる急進的な社会教育研究の伝統と深く関連している。同大学の第3期の学習は、運動による問題解決を支える学習としての意義を持っているといえる。

　1期から3期までの信濃生産大学の学習は、農業近代化の社会変化に対応する社会教育の具体的実践として位置づけられる。政治的視点に基づく社会教育を実施することで、農業政策に対する問題点を農民の視点に立って分析し、批判的視点を形成することに力をいれたと考えられる。さらに、同大学の学習が能動的対応の土台を構築しようとしたともいえる。また、地域問題解決のための学習と運動を推進することで、変化に能動的に対応する人々を形成する社会教育の理論が「実践として」展開され、様々な問題提起がなされたと考えられる。

　しかし、信濃生産大学の学習には、さらに突き詰めて議論すべき課題も内在していた。具体的にみると、三つの課題がある。

　第一は、行政・社会教育専門家・学習運動組織の協同による学習実践の形態に依拠して考えると、行政の支援によって運営された学習実践が、学習問題に対する行政と学習運動組織の間の対立によって、学習者に対する学習機会を失わせる可能性がある問題に対し、どう対処するかである。第 3 期の大学の学習の成果として評価されるべき地域問題解決のための運動は、運動にかかわった人々が同大学の主催者側（行政）の政策に異議を唱えたという理由で、裏目に出てしまった。せっかく社会・道徳的機能に焦点をあてた学習へと進化させることをめざしたのに、その学習の産物としての地域開発の反対運動が行政側の反発を招いた。そして、その反対運動の原因を作ったのが信濃生産大学の学習であると認識され、行政からの支援がなくなった。行政と地域市民運動組織のあいだの対立が、大学の解散を促し、自ら学習を行う能力がない農民や地域住民にとって学習機会を奪う結果をもたらしたわけである。学習から運動へ発展する際に、行政と運動に関する対立構造をどうやって解決するか。これは大きな課題であるといえる。

　第二は、学習者のレベルの底上げの必要性である。3 期におよぶ信濃生産大学の学習の結果、①個人的かつ経済的機能を重視する学習から社会的問題と社会・道徳的機能を重視する学習への移行、②農業政策に対する批判的視点の形成と問題解決のための運動の展開、という成果を得た。当然ながらこれは評価されるべきだが、同大学に参加したすべての人々が、社会問題への関心、批判的視点の形成と運動への参加の要素を身につけたとは断定できない。なぜなら、農業の経営共同化への関心だけで終わったり、農協から融資を受けることだけを考えて農業構造改善事業に参加したがる、能動性に欠けた農民もいたからである。その結果、同大学の学習の議論において意見の分裂が生じ

て農民のあいだに対立構造が形成され、活動のさらなる発展を阻んだ。その意味で、社会変化に能動的に対応する農民の形成をめざす学習は、多くの人のより多様な意見を受け入れる素地を学習者の間に確立し、多くの農民が能動的市民性を身につけられるようにするために工夫しなければならないという課題が浮き彫りにさせた。

第三は、共通認識と相互理解の醸成である。第3期の信濃生産大学では、農民だけでなく地域住民・市民を含む学習者を視野に入れた学習が展開された。その結果、地域社会の問題の学習に、多様な属性をもつ人々の参加が求められた。しかし、産業労働者も農民も、農業近代化という社会変化に対応するための理解がそれぞれ異なっていた。労働者の中でさえ、相違は大きかった。農業近代化と産業化に対応するため、自ら能動的に労働者に転身した者、農業に従事することが厳しくなり、やむを得ず労働者になった者など。農民は、この選択を能動的・受動的という性格に関係なく、農業とは別の次元の、離れた存在として位置づけた。また、農業近代化の学習を実施してきた信濃生産大学の学習で把握した労働者の性格とは異なる存在として労働者をとらえた。そのため、労働者と農民がともに助け合いながら地域問題をめぐる学習と運動を行うという望ましい姿にはほど遠かった。これも相互理解の欠如のためといえよう。

すなわち、農業近代化に対応する農民・地域住民を形成する社会教育の課題は、①社会的問題に関心をもつ社会教育、②社会変化を積極的に推進するための社会・道徳的機能の社会教育の推進という目的の実現で終わることなく、農民や地域住民・市民が相互理解にもとづき、行政の持続的な学習支援を背景に、社会変化の必要性を示す運動へ発展させることである。

第 3 節　農業近代化過程という社会変化に対処する学び

　信濃生産大学の学習内容と方法からみると、第一は、よりミクロ的な側面から、信濃生産大学の学習者が何を学び合ったのかという点を考えてみる必要がある。信濃生産大学に講師として招かれた農業経済学者である近藤康男氏が次のように述べているところは、もっとも農業近代化問題の学習を象徴する場面である。

　　人間のやることはサイの河原の石積みであって、明日になれば実態が変ってせっかく積んだ石がくずれるかもしれないが、今日の事態で自分のできることをやらなければならない。どうせせまった首切りがあって一割しか残らないのだからなにもしないほうがいいとはいえないと思う。日本の政治からいうとそう簡単にはいえないが、3、4 割残った農家は中小企業くらいのものにはなると思う。中小企業ほどにもなりかねている現在の農民は、せめて中小企業になろうというサイの河原の石積みの運命にあるといってよいと思う」[146]。この後、「4、5 分は皆黙っていた」[147]。

　つまり、このような「沈黙」の時間が流れたことが、信濃生産大学における数多くの学習場面の中で特に印象深い点である。それは、信濃生産大学に関わった人々が、自らが取り組んでいる学習問題から共通の認識をもちはじめたことを表す場面であるからである。まさに、共感という感覚的用語が実証的に描かれたことを意味する。1950年代の共同学習が生活の身近な問題から始まったことに対して、1960年代

146）長野県農業近代化協議会「農近協情報 No.4」1962.　p.70.
147）信濃生産大学の後援団体である農業近代化協議会事務局長 K 氏の聞き取り
　　（2001年 6 月 8 日）

の信濃生産大学の学習は広義の意味での生活というよりも、むしろ、農業という生計と密接に関わった問題から始まり、さらに、系統的に問題の本質を摑んでいったと思われる。すなわち、共感から始まったのではなく、学習過程の中で共感する一つの場面に学習者たちが遭遇したといえよう。そして、このような学習の取り組みが、学習者たちに共感を得た瞬間が沈黙の場面として象徴されている。さらに、このような学びの過程における沈黙の価値に注目し、学習者に対してオルタナティブ（alternative）的な視点を形成させたことは農業近代化という変化に対応するための学習実践の中で生み出された重要な成果であると理解できる。

　第二は、農業近代化という時代の変化に対応するための学びは、時代の変化に立ち向かう農民および労働者の学習運動であったということである。フランスの社会学者トゥレンヌ（Touraine）によると、社会運動の基本的なテーマは教養的（自由な）思考と問題解決への要求という両方への挑戦である[148]と、述べている。言い換えれば、「運動」は教養的な思考と問題解決への要求によって生まれるものであるといえる。これを社会教育学的な視点から解釈すると、教養的な思考と問題解決への要求のためには「学習」というものが必然的に必要であると理解できる。すなわち、信濃生産大学はこの2点（教養的（自由な）思考と解決への要求）を満たすための一つの学習実践であったととらえられる。しかし、ここで注目すべき点は、学習運動、つまり学びを通じた社会運動に関わる人々の姿勢の問題である。要するに、農業近代化という社会変化に対応した農民の姿勢の部分である。

　具体的にみると、信濃生産大学の第2期の学習の「農業構造改善事業」の討議が行わるなかで、鼎村と佐久の農民の間で意見の相違が現

148）Alain Touraine.（2000）Can We Live Together?, Cambridge, Polity Press, p121.

れた。前者は個人的・経済的視点から農業近代化政策の対応を模索したのに対し、後者は政治的視点から農業近代化政策をとらえ、農民の主張を運動的手法で展開することの必要性を示した。両者の違いは、農業近代化政策に対する農民の意見の多様性を表すものとして理解することができる。

　しかし、農民の農業構造改善事業の学習には、検討すべき課題があった。課題とは、農民が農業近代化過程に前者と後者のいずれの形で対応するにしろ、重要なのは農民自ら能動的に変化に対応する方法を決断・決定したか否かということである。個人的・経済的視点から、農業近代化政策の融資支援を受けることで自らの農業経営の向上策を模索したにしても、農業に継続的に従事するために政治的視点をもって農業近代化政策の転換を要求する運動を推進したにしても、重要なのは農民が他人から押しつけられることなく、能動的に対応策を決断したのかという点である。実際、第 2 期の信濃生産大学の学習が展開された時、中農・貧農層の農民は、農業構造改善事業という政策に十分対応可能な融資や支援を受けることができなかった。中農・貧農層の農民が農業資金の確保ができない状況を克服すべく経営共同化を選択した経緯からもわかることだが、農業構造改善事業は裕福な農民階層が恩恵を受けやすい政策であった。そのため、その他の中農・貧農層の農民には、高度経済成長と産業化の発展によって必要となった産業労働者層への転出が半ば必然的に求められ、苦しい選択を強いられていた。こうした農民の状況をふまえると、農民の産業労働者への転身が自分の能動的意思によるものか、あるいは社会的状況によって受動的な選択によるものかという点は重要な論点である。この論点に注目した Offe は、このような選択の岐路に立たされた労働者を「"passive" versus "active" proletarianization（'受動的' 対 '能動的' 賃労働者化）」と位置づけ、農民から産業労働者への転身の選択を迫られた

人々について、次のように分析している。

　'能動的'と'受動的'賃労働者化の区分をすることで、こう
した問題の理解が容易になる。大量の持続的な'受動的'賃労働
者化と、以前の支配的な形態の労働、そして生存の破壊が、産業
化過程における重要な社会構造的側面であったことには議論の余
地はない。また社会学的に言えば、なぜ彼らが自らの労働と存在
意義を奪われたのか、その理由を発見した個々人も、労働市場の
中で自らを売り込むべく、労働力を提供することによって'能動
的'賃労働者化の道を自発的に進んでいかなければならないこと
は疑う余地もない[149]。

　上記の記述に基づくと、農業近代化という社会変化のなかで生計の
ために生産活動の選択の岐路に立った農民にとって学習の意味とは何
かを検討する必要があるといえるだろう。かりに農民が産業労働者に
なる道を選択したとすると、それが自ら納得した上での決断だったか
否かが問題になる。学習にもとづく能動的意思で労働者への転身を決
断したとするなら、その農民は'受動的'賃労働者化ではなく、'能
動的'賃労働者化への道を歩むことになるだろう。つまり能動的／受
動的賃労働化の区分の基準は、自ら納得して、主体的に労働者への道
を選択したか否かである。すなわち、農民の農業生産活動と労働者の
産業生産活動を区分し、社会的認識や地位にとらわれてどちらが優位
かを論じるのでなく、それぞれの生産活動の価値を評価した上で、ど
のような経緯と意識でその生産活動を営むに至ったかに注目すること
が重要だということである。なぜなら、農民から産業労働者への転身

---

149) Claus Offe.（1984）Contradicitions of the Welfare State, London: Hutchinson, pp.92-
　　93.

そのものが批判されるとするならば、一例として前述した佐久の農民の意見では、農業に継続的に従事せず、産業労働者になることだけで批判の理由となるからである。

　農民であれ、労働者であれ、生産活動に従事する上でどんな姿勢や意識をもっていたか、その姿勢が能動的か、受動的かというのが議論の焦点になるだろう。その意味で、信濃生産大学の学習の意義は、批判的視点や思考力の形成だけではない。能動的／受動的な農民の選択の土台を構築する上で、重要な役割を果たしている。したがって、このような信濃生産大学の学習の経験を今の第 4 次産業革命という社会変化に照らしてみると、多くの仕事が自動化されることで自らの仕事が消滅または形を変えていく中で、人々は信濃生産大学の学習過程と意義に注目する必要がある。

　第一に、信濃生産大学の学習者が近代化によって生じる歪みを学習によって把握したように、第 4 次産業革命によって生じる歪みはあるのかを技術革新の実態を踏まえて調べる必要がある。第二に、農業構造改善事業によって農民の明暗が分かれたように、第 4 次産業革命によって労働者によって明暗が分かれる可能性に注目し、第 4 次産業革命に関する政策の動向の把握と影響を学習する必要がある。第三に、信濃生産大学の農民が、農業近代化が招く地域開発の問題という地域の視点に基づき対処しようとした動きに注目する必要がある、つまり、第 4 次産業革命の時代においても地域の人々の生活と労働者が直面する状況を関連づけてその対応策を考える必要があるということを意味する。

　以上の三つの側面から、第 4 次産業革命の時代を生きる労働者たちは、農業近代化時代の農民の学習経験をふまえて、自分たちが社会変化に対応するための学習を始めなければならない状況にあると理解できる。

第5章

技術革新による産業構造の
変化と労働者の選択
(印刷業のケースを中心に)

　第 4 次産業革命の到来で、既存の製造業は IoT、ビッグデータ、人工知能などのデジタル技術の新しいパラダイムへと展開されている。そして同時に、カスタマイズされた少量生産、スマート工場などの製造工程の革新と製品の IoT 化というパラダイムの変化が起きている。しかし、一方では生産現場で働く労働者の地位、厳密に言えば、労働者の職そのものの位置付けが変わりつつある。したがって、本章では、技術革新によって仕事を奪われた経験を持っている印刷業に焦点を当てて把握する。特に、韓国の印刷業界に従事している労働者に対して行ったインタビューによる実証的データをふまえて、斜陽産業と呼ばれる分野の労働者に必要な学習課題を検討する。

第 1 節　第 4 次産業革命の産業構造の変化と製造業

１．生産現場の製造工程の変化と革新

　デジタル製造は、従来、コスト削減をベースとしている大量生産・流通の時代からインターネットを通じた生産、流通、消費が可能な時代へのパラダイム転換が起き、個人やベンチャー企業、中小企業も少ない資本でも生産が可能な製造工程の革新が起きている。要するに、誰でも革新的なアイデアをデジタル化し、試作品を作り、その製品に関するフィードバックを得て、より製品の完成度を高めることができる環境となっている。インターネットのプラットフォーム基盤のオンデマンド経済が拡散されることによって、多品種少量生産への需要が継続的に増加しているのが現状である。これだけでなく、どこでもアクセスが可能なネットワークベースのスマート機器がクラウド、ビッグデータと結合されて、デジタルの製造工程が可能になるにつれて、コスト削減のために海外にあった工場が国内に回帰するリショアリング現象も起きている。

このような製造業をめぐる環境の変化の中で、特に、最近活躍が著しいのが、生産費用の削減と試作品などの簡易な製品製造を可能にするのに貢献した第4次産業革命の代表的技術の3Dプリンターである。3Dプリンターは、コンピュータにデジタル図面の情報を送信すると、いつでも、どこでもすぐに製品を製作することができる機械である。既存の製造工程のように、金型を製作して鋳物を取って接する過程を繰り返す方法では、需要者のニーズに応じてカスタマイズされた少量生産が難しく、そのためインテリジェント経済構造に対応する難しさがあった。一方、3Dプリンターは、すでに公開されている設計図やSWなどのオープンソースのハードウェアを活用することで、従来の製造方法によって生じた技術の参入障壁を緩和し、小資本で誰でも起業が可能な環境を作っている。

　最近は、このような製造過程の変化によって、テックショップ（techshop）、メーカー運動（maker movement）などが出現し、低コストで製造設備を貸与することが可能なオープンな製造プラットフォームも普及しており、その結果、オープンな製造プラットフォームを基盤として、生産インフラの確保のための社会全体の投資コストの削減の実現につながっている。具体的な例で見ると、ハードウェア製作プラットフォームである「Quirky」の場合、顧客が直接欲しいという多様な製品を生産する新しいビジネスモデルとして、B2Bベースの大量生産という典型的な製造業のビジネスモデルではなく、デジタルプラットフォームをベースとした生産方式で注文された製品を提供する代表的なメーカーとして知られている。「Quirky」は、これまで150以上の製品を発売し、113万人の会員を確保しているハードウェア製作会社である。また、スマートウォッチ分野のリーディングカンパニーである「ペブル（Pebble）」も完全に動作する試作品を公開した後、クラウドファンディング（Crowd funding）を通じて資金を集めて、製品

を製作し販売する方法で成功している企業である。

　このように3D プリンターを活用した製造工程の普及は、従来の金型を基盤とした製造工程にかかる費用を大幅に削減し、より多くの人々が自由に製造工程に参加可能となるということで製造工程の大衆化に貢献しているといえる。ただし、問題は、誰でも製造工程に関わることができるようになったことで、既存の町工場のような小さな中小企業の熟練技術者の地位は維持することが困難な状況になりつつあることである。

2．スマート工場の拡大

　3D プリンターが製造工程の大衆化を実現し、町工場規模の小さな中小企業の生存を危うくさせている一方、IoT を活用したスマート工場は、完全自動化工場に近い生産過程を実現することで、大企業の生産現場の革新をもたらすとともに、大企業の生産現場の労働者の地位を奪おうとしている。詳しく見ると、スマート工場は、IoT を通じて蓄積されたビッグデータをクラウド方式で共有し、ビッグデータでの状況を分析した生産システムの構築を推進している。実際、スマート工場は、製造設備、部品、製品等にセンサーと RFID を装着した製造環境、設備運営の現況など生産工程全般にわたる資料をリアルタイムで収集し、IoT とサイバー物理システム（Cyber Physical System）を使用して生産工程の事前検証およびリアルタイムの管理を行っている。スマート工場の代表的な例として GE のケースを見てみよう。GE は、各種センサーを搭載した機器で多種多様なデータを収集し、その後、ビッグデータ分析を介して製品や機器の事故防止、維持管理の高度化、運用の最適化を推進している。また、これにとどまることなく、製品の販売後の維持／保守サービスを包括的に提供し、顧客との接点の確保を通じて「製造業のサービス化」を推進

している[150]。

　現在、スマート工場を運営している企業の状況を見ると、GE の産業インターネット（Industrial Internet）戦略のように工程全般から製品／機器のメンテナンス、販売された製品をベースに顧客との接点の確保と継続的な AS をサポートすることまで広範囲に展開されている。そして、最近は、スマート工場は現場の自動化、工場運営、企業資源管理、製品開発、サプライチェーンの管理など非常に多様な形で現れている。スマート工場の展開に関する詳しい内容は下の表のように確認することができる。

表11　スマート工場の発展段階別区分

区分	生産現場の自動化	生産現場の運営	製品開発	サプライチェーンの管理
高度化レベル	IoT/IoS 化	IoT/IoS 化 ビッグデータ基盤の診断および運営	ビッグデータの設計・開発、シミュレーション、3D プリンター	インターネット上でのビジネスネットワークの協業
中間レベル	設備コントロールの自動化	リアルタイムの生産現場のコントロール	技術情報生成および連結自動化	多品種開発協業
基礎レベル	設備データ収集	工程物流管理（POP）	技術情報開発運営	親会社に依存する体制
未発達レベル	手作業	手作業	手作業	電話とメール

（教保証券報告書 2016）

　ただし、実際スマート工場を導入する上で、生産システムの構築は大きな投資が伴う。そのため、財政的にも、企業の規模の側面においても中小企業は、インターネットを介して試作品の製作から始め、中小企業間の協業を通じてスマート工場の導入を試みている。例えば、ETRI と呼ばれる製造サービスは、オンラインマーケットプレイスを介して、中小企業が依頼した試作品を製作し、提供するサービスで

150）「教保証券報告書」（2016年 5 月 7 日）

ある。実際、ETRI が導入されているスマート工場は、3D プリンター、ロボット、コンピュータ数値制御（CNC）などが主な設備であり、今後も IoT、モデリング、無線通信、クラウドコンピューティング、人工知能など ICT 基盤の未来の工場を追求しようとしている（「テック・エム月例報告書」2016年 5 月）。

3．製造のサービス化という技術革新

　第 4 次産業革命の技術革新が進む中、製造業のサービス化という言葉が頻繁に取り上げられている。製造業のサービス化とは、製造業のバリューチェーンにサービスの機能が新たに含まれることを意味する。実際、多くの製造業分野のグローバル企業は、生産過程に ICT を基盤としたサービスを組み合わせたビジネスを推進してきた。例えば、アップルがハードウェア、ソフトウェアおよびサービスを連携させるためのプラットフォームを構築し、消費者とコンテンツプロバイダをそのプラットフォームに連結させるという新しい消費の生態系を構築したのが代表的な例である。また、IoT 技術の普及によって製品の状態を顧客に継続的に知らせるサービスを提供することが容易になることで、製造業におけるサービスの役割の重要性が高まったことも特徴である。実際、Google が2014年自動温度調節器メーカーである「ネスト」を買収したのも、製造業分野におけるサービスを商品化することへの事業拡大を試みたからである。Google のほかにも、アメリカの電気自動車メーカーであるテスラが SW アップグレードを通じて販売した自動車の性能を改善し、問題点を補完するのも、製造業におけるサービスの役割を増大させる典型的な例であるといえる。

　それでは、第 4 次産業革命の技術革新が展開される中、製造業分野においてサービスの役割を重視する取り組みが最先端の技術力を保有している企業を中心に行われるのはなぜだろうか。それは、従来の

伝統的な製造業の標準化された技術をベースとし、グローバルアウトソーシングを通じてコスト削減を目指す企業としては、多様な消費者のニーズに対応することが困難なだけでなく、ライバル企業との差別化を図ることが難しい。つまり、従来の標準化された技術と費用削減を求める企業であれば、その企業は先頭企業であろうが、後発企業であろうが、品質の違いはなくなり、ますます値下げや生産期間の短縮のような過度な競争に陥ってしまうからである。したがって、第4次産業革命の技術革新が進む状況においては、製造業のサービス化を通じて製品の差別化を進めることが必須条件となっている。製造業は従来の形とは異なる新たな形を模索する状況に置かれているといえる。

4．オンデマンド経済の登場と雇用構造の変化

　第4次産業革命が展開されることで、「自動化」、「労働の代替技術の発展」、そして「オンデマンド・プラットフォームビジネスの拡大」など、産業構造のパラダイムチェンジが急速に進んでいる。そして、このような産業構造のパラダイムチェンジは既存の仕事の形態を大きく変え、雇用構造の変化にもつながると予想されている。詳しく言うと、市場原理をベースとする既存の産業構造においては、人、遊休資産（財貨）と情報を同時に流通させ、プラットフォームに乗せることで、需要者と供給者が全てそのプラットフォームの中で取引することができるようにしている。また、このとき、需要と供給が出合う地点で価格が決定される仕組みであった。

　しかし、第4次産業革命の到来によって拡大しているオンデマンド経済では上記の仕組みとは異なり、取引当事者が製品やサービスを所有せずに利用することができ、デジタルプラットフォームが取引の仲介の役割を担当する。ここでいうデジタルプラットフォームとは、十分活用されていなかった資産、例えば、自動車の空席、家の空き部屋、

取引仲介、配達や家の修理のための技術などを効率的に使用すること
で、サービスを提供する時に発生する限界費用をほぼゼロに近い状況
にする。要するに、デジタルプラットフォームは、資産を活用して取
引をしたり、サービスを提供する時に発生する取引費用を大幅に減少
させ、参加者全員に経済的利益を与えることができる。世界最大のタ
クシー共有サービスを提供している Uber は所有している自動車がなく、
世界で最も大きな宿泊提供会社である Airbnb は所有する不動産がない。
すなわち、Uber と Airbnb は、従来の経済的仕組みの中で必要とされて
いた製品とサービスをなくすことで、デジタルプラットフォームビジ
ネスが既存のビジネスとは全く別の形であることを示している。そし
て、今、オンデマンド経済は、タクシー、宿泊だけでなく、配達、清
掃などの単純労働サービスに拡張しながら、最近では法務、コンサル
ティングなどの専門人材サービスの分野にも広がっている。

　このような新しい環境でのビジネスモデルの変化は、職務能力
（skill set）の破壊的変化につながることが予想される。なぜならば、
革新的な技術に対するニーズが急速に高まれば高まるほど、個々の職
業と仕事のための技術要件の変化の程度はさらに明確に現れるから
である。例えば、ロボット工学と機械学習のような技術の破壊的変化
は、既存の職業と職種を完璧に代替するより、職業の一定部分に対し
て以前実行していた特定の課題だけを置き換えることになっているの
で、労働者はより自由に新たな課題に集中できるようになり、これら
の職種や仕事の内容においても急激な変化が起こることが予想されて
いる。また、技術的変化の直接的な影響を受けない安定した雇用環境
を形成している職種、例えば、新興市場の新しい人口層を狙ったマー
ケティングやサプライチェーンの専門家ですら、わずか数年後には大
きく変わった職務能力が要求されることが明らかである。

　このように、ビジネスモデルに対する技術的、人口学的、社会経済

学的変革の影響は、雇用の構造と職務能力の要件に対して大きな変化をもたらしているので、人材の採用、訓練と管理にかなりの困難が生じていると思われている。それだけでなく、第4次産業革命の IoT とオンデマンド経済の台頭に伴い、雇用構造は、現在の正社員の職の多くの部分を、非正規雇用の社員に換える可能性が高い。既存の雇用構造が、会社が直接従業員を採用して顧客に製品やサービスを提供するために労働力を提供してきたとすると、オンデマンド経済構造では需要に対応する超短期契約職を多数活用することで、従来の良質の雇用が減る社会問題が生じる可能性が大きくなっている[151]。

　もちろん、前述したように第4次産業革命は、IoT、クラウドコンピューティング、ビッグデータ、人工知能（AI）などのデジタル技術と結合して共振化し、インテリジェントで、革新的な商品化技術を生み出すことができ、同時に、3D プリンティング技術を活用したデジタルベースの製造方法が拡散され、製造業がサービスや SW と結合されることで新たな付加価値を創出する肯定的な側面があるのも事実である。

　しかし、重要なのは、肯定的な側面のほか、第4次産業革命が展開することで生じる否定的な側面、厳密に言えば、産業構造の変化によって必然的に発生する雇用構造の変化へどのように労働者が対処すべきかということが重要な課題として浮上している。特に、製造業の中でも自動化、またはデジタルプラットフォームへの転換に伴い、職を失う熟練労働者の雇用の危機は、これから多くの職種で発生する雇用構造の変化において最も深刻な問題である。そのため、次節では、雇用構造の変化の中で労働者が直面する問題を過去の製造業分野の歴史的経験を踏まえて考察する。

151）WEF（2016）「The Future of Jobs」2016.1. の本文の内容の整理。

第 2 節　産業構造の変化と労働者のジレンマ（印刷業を中心に）

1．第 4 次産業革命の展開と印刷業の危機（雇用危機の構図を中心に）

　現在の印刷産業は、第 4 次産業革命の技術革新、すなわち、高度の先端技術が革新的動力となる急激な環境変化を迎え、危機に直面している。もちろん、最先端技術の高度化によって印刷産業もデジタル化が進み、印刷業界の新たな革新が行われる可能性を秘めているのも事実である。特に、ICT を適用し、過去の人手に依存する受動的生産方式から脱皮しようとしている。実際、日本の印刷業界の推移を見ると、全国の印刷・同関連産業の事業所数は、減少傾向が続いている。2010年は 1 万3,914か所で、2002年に比べて5,057か所減少し、従業者数も同期間で 6 万7,999人減少した。かつて印刷産業は、景気変動の影響を受けにくく、安定した業種であるとされてきたが、近年は産業構造の変化や国内経済の好不況に大きく左右されるようになった。また、印刷工程のデジタル化や印刷技術の革新など、印刷業界が抱える構造的な変化も減少の要因となっている[152]。

　このように、印刷業界が直面している現状、特に雇用の側面から見ると、第 4 次産業革命の変化はそれほど楽観的ではない。それでは、印刷業界がどのような問題を抱えているのかを韓国のケースに焦点を当てて確認してみよう。

　第一に、伝統的に印刷産業は多くの製造業と同様に、高価な設備投資を行い、その設備を活用することで付加価値が発生する仕組みで形成されている。そのため、印刷業界は一度設備投資を通じて機械を購入すると既存の方式を固執するしかなく、結局、新しい技術革新による変化へ対応することが困難である（ハン・ドンス 2015）。

152）http://www.akitakeizai.or.jp/journal/20120701_topics.html

第二に、電子出版市場が急激に拡大する中、印刷業界はデジタル化に対応可能なコンテツの確保とスマート機器の技術開発に投資が必要であるにもかかわらず、多くの零細企業はそのようデジタル技術開発に参加する余力がなく、その結果、市場の変化に対応できないまま市場から消える危機的状況に置かれている。

　第三に、印刷業界では技術革新によってデジタル化が進む中、デジタル化に対応可能な人材の確保も重要な課題として浮上している。そして、このような人材を確保する上で、新しい人材を採用するよりは、既存の人材の再教育を通じて人材を確保することが重要な課題とされている。

　具体的な例で見ると、過去、印刷出版業界ではなくてはならなかった技術専門職である文選工（植字工）たちが、印刷技術のデジタル化に伴い彼らの仕事がなくなる中、再教育の機会を得ながらもデジタル編集の技術革新に付いていくことができなかった時がある。過去、文選工は印刷業界で最も重要な職人であり、技術者集団であった。彼らは、原稿がどんな悪筆で書かれていても、原稿のみに目を置いたまま、機敏な手作業で活字を抜き出し、活字版を完成させた。

　しかし、コンピュータによる印刷のデジタル化が進み、コンピュータ組版システムが導入されたことで、達人の技術は役に立たなくなったのである。印刷工程の主役であった彼らは、奥の部屋の老人のような存在として扱われ、同時に後輩にコンピュータ組版システムを学ぶ立場になった。結局、多くの文選工は、再教育の過程で自らの居場所を失い、会社を去ることになったのである。第４次産業革命と製造業分野に勤める労働者の聞き取り調査の一環として過去の文選工の話を聞いたとき、ある文選工は次のように述べた。

　　コンピュータが入ってきて、１日で私は会社でいらない存在となった。私は植字の工程が好きだったし、それは私の全てだった。

しかし、効率化を理由に会社はデジタルか、なんかの機械で次々本を作りはじめた。最初は、私もコンピュータを習おうとしたが、もう年でそれは無理だった。子供の学費とかでお金がかかるから、なんとかしようとしたけど、もういい年になってそれは無理だった[153]。

　技術革新の過程における文選工の意識は次節で詳しく検討するが、上記の話から一つ言えるのは、技術革新という変化の過程で熟練労働者の雇用を維持させるために、新しい技術に適応させる再教育が歴史的経験に照らしてみると容易ではないことである。そのため、印刷業界においても第 4 次産業革命が展開する中で、変化に対応する人材の確保と既存人材の再教育を並行して進めるのが重要な課題として浮上している。それでは、具体的に第 4 次産業革命の展開において印刷業界の技術革新はどのように展開されているのだろうか。

２．印刷業界の技術変化と動向

　過去、印刷技術のデジタル化という技術革新によって、文選工と呼ばれる熟練技術者の職がなくなる経験をした印刷業界の人々は、第 4 次産業革命という大きな変化の中でどのように対処しているのだろうか。

　まず、第一に、印刷産業は、2008年の金融危機以降続いている長期的な不況以来、今までも新しい突破口が見つからず、生存することに汲々としており、従来の印刷産業を維持することに精一杯の状況である。実際、従来の主な印刷方法であるオフセット印刷の量は引き続き減少しているのが実情であり、これに対する補完策として登場したデジタル印刷も、デジタル機器の普及拡大により、競争が高まり、収益は低いままである。さらに、伝統的に印刷産業は、製造業の一種であ

153）文選工 K 氏の聞き取り（2017年 3 月18日日聞き取り）

るため、様々な印刷機機を購入して利用しなければならないという特徴がある。そのため、それに伴うコストもかかり、財務を圧迫する要因となっている。このような点から見ると、未だに既存の方式を固守している印刷企業は、第4次産業革命とつながる技術革新に対処できず、ますます困難に直面する可能性が高く、最終的に印刷産業の全体的な零細性をさらに深刻な状況に直面させるリスクがある（ハン・ドンス 2015）。要するに、印刷産業は、デジタル化による技術革新と研究開発への投資を行わなければ市場の変化に対処できない問題があると同時に、オフセット印刷を担当した熟練技術者の職を失うというジレンマに直面していると言える。

　第二に、スマートフォンやタブレット PC などのスマートメディアの普及が拡大する中、電子書籍を含む電子出版市場の急速な成長が挙げられる。実際、電子出版市場の成長は、印刷産業のシナジー効果をもたらすものとして期待されているが、シナジーの創出のための印刷業界の準備と対応はまだ十分ではない（文化体育観光部 2011）。電子出版市場は、モバイル時代を迎え、新たな文化消費の機会と評価されており、スマート機器に装着されたスクリーンの利用時間およびモバイルパブリッシングコンテンツ消費の増加により、電子出版市場はますます拡大すると予想されている。しかし、このような電子出版市場の活性化の一方、紙の書籍の減少と購買力の弱体化、図書需要萎縮などで、印刷業界の売上高が減少する反作用が起きているのも事実である（文化体育観光部 2015）。

　第三に、OECD 国家を中心として印刷分野におけるコアコンピタンスを確保するために様々な試みを展開しているが、その過程で労働者の地位を確保することがさらに厳しくなっていることが挙げられる。例えば、アメリカと EU の印刷会社は、印刷文化産業の既存の市場の枠組みを越えて他の業界と融合・複合化し、事業の多角化を推進して

いる。例えば、ドンネーリー（RR Donnelly）という企業は、印刷技術をもとに書籍、ビジネスコミュニケーションサービス、カタログ、雑誌、POD などを提供し、出版の自動化、オフラインコンテンツのオンライン化、ヘルスケアサービスなど、様々な産業と融合・複合化を進めている。その中で、印刷技術の他産業との融合に適応できない労働者の場合は自らの居場所を見つけることができず、仕事を失いつつある。

　このように印刷技術の革新と市場の変化に伴い既存の印刷業界に働く労働者の立場はますます弱体化しており、どのようにこのような変化に対処すべきかという大きな課題に直面している。そして、このような労働者の状況は他の製造業分野でも同様に起きているが、印刷業界がより顕著に現れている。したがって、次節では、第 4 次産業革命がもたらす技術革命に労働者がどのように対処すべきかを検討するための一つの歴史的事例として、印刷業界の技術革新の過程で選択を迫られた文選工の当時の状況と意識を把握する。

第 3 節　印刷業界の技術革新と労働者の選択

1．技術革新に迫られた労働者の意識調査（インタビュー調査に基づいて）

　第 4 次産業革命の技術革新の過程で人工知能とビッグデータを活用した IoT の普及によって工場の完全自動化が進み、労働者の職がなくなる可能性が高まっている。しかし、技術革新によって労働者の職が危機的な状況に置かれた経験に関しては、ラッダイト運動と信濃生産大学の歴史的事例を踏まえて把握した。本節では、第 4 次産業革命が進む中、斜陽産業に身を置いていた労働者たちが技術革新の過程で何を考えていたのかを検討したいと思う。そのため、ここでは、労働者の聞き取りデータに基づき斜陽産業の一つである印刷業界で従事して

いた労働者の声を聞いてみた。

　今回の調査は、印刷関係の従事者のうち、韓国のソウル、釜山を中心とした印刷会社で勤めていた文選工経歴者を対象とし、2018年3月15日から3月28日の間、聞き取り調査を実施した。対象者の構成を見ると、釜山の地方新聞社および印刷会社で業務に従事した経歴の所持者が12人、ソウルの出版印刷会社および新聞社の印刷局に従事した経歴の人々が8人である。年齢構成は、60代が6人、70代が12人、80代が2人である。整理するし、下の表のようにまとめることができる。

表12　調査対象の構成

区分	所属	年代	キャリア
A	印刷会社（釜山）	60代	10年
B	新聞社印刷局（釜山）	70代	22年
C	印刷会社（釜山）	70代	24年
D	印刷会社（釜山）	60代	12年
E	新聞社印刷局（ソウル）	70代	18年
F	印刷会社（釜山）	60代	8年
G	新聞社印刷局（釜山）	60代	14年
H	印刷会社（釜山）	70代	22年
I	印刷会社（ソウル）	80代	30年
J	新聞社印刷局（釜山）	70代	26年
K	新聞社印刷局（釜山）	70代	25年
L	新聞社印刷局（ソウル）	60代	15年
M	印刷会社（釜山）	60代	12年
N	印刷会社（ソウル）	70代	28年
O	新聞社印刷局（ソウル）	70代	19年
P	新聞社印刷局（ソウル）	70代	23年
Q	新聞社印刷局（ソウル）	70代	27年
R	印刷会社（釜山）	70代	26年
S	印刷会社（ソウル）	70代	20年
T	新聞社印刷局（釜山）	80代	34年

　調査対象である文選工経歴者に関する質問は次の 4 項目で構成され
ている。第一に、電子出版技術の普及時の状況である。第二は、技術
革新が進む中、彼らがどのように対応したのかということである。第
三は、彼らが文選工としての職を失った以降の人生とその後の働き方
である。第四は、彼らが今になって時間が過ぎ、当時を回想した時、
技術革新をどのように捉えているのかである。次項では、上記の質問
に対する文選工の聞き取り調査結果を中心に技術革新の結果、職を
失った労働者（文選工）の人生を振り返って見る。

2．技術革新をめぐる労働者のジレンマ

　コンピュータがなかった時代、1990年代まで新聞や書籍を作る時は
使用される全ての文字をあらかじめ作っておいて、記事や原稿の内容
に合わせて一つずつ抜いて新聞や書籍のサイズに合わせた板に入れる。
その一つ一つの文字の形状が入っている板を紙型という鋳型に加工し、
その鋳型に鉛合金などを流し込んで鉛版を作る。その鉛版にインクを
塗って紙に刷るように新聞や本を製作することが一般的な印刷の形態
であった。そして、このように作られる印刷方式を活版印刷と呼んで
きた。それでは、このような印刷作業の流れを詳しく見てみよう。

　新聞や本を作るには、まず鉛でできた活字を作るところから始まる。
そして、使用する鉛は薄い金属となっており、繊細なフォント製作に
適している。また、一度使用すると、すぐ摩耗するため一回だけ使用
するケースが多かった。しかし、何より、この作業が難しかった理由
は、鉛の活字を作るためには、土台になる文字の形状が必要となる。
そして、その文字の形状を用意し、実際に作業が始まると、鉛の活字
は種類、サイズ、一定のルールに基づいて「文選台（ムンソンデ）」と
呼ばれる大きな作業台にきちんと整理し、その前で、文選工という技
術者が原稿を見て、文字を一つ一つ選び、活字化するようになる。熟

練した技術者の場合、1分に40個の活字を選ぶ。もちろん、原稿の字の読みやすさの程度によってかかる時間は異なるが、熟練した技術職であればあるほど、印刷のスピードは向上する。

このように一時代を風靡した印刷には欠かせない職人であった文選工であるが、1986年に電算写植システムが開発され、組版部門が急速に発展することから、彼らの職は危ういものになり始めた。それでは、電算写植システムがなぜ文選工の職を危ういものとしたのか、その理由から確認しよう。

電算写植システムは、組版処理を速くし、修正作業や資料保管を容易にした。その結果、パーソナルコンピュータを入力システムとして使用することができるメリットが生まれた。さらに、それだけでなく印刷作業にかかる設備投資コストも大幅に削減することができる利点もあった。このようなメリットから新聞社や印刷会社は次々にこのシステムを導入することになり、文選工の仕事を代替することになり、文選工は徐々に仕事を奪われるようになったのである。

それでは、文選工は自らの職を奪う技術革新をどのように受け入れていたのだろうか。今回調査に協力してくれたB氏の話から見てみよう。B氏は、ある釜山の新聞社に1980年に入社した。最初は、アルバイトで発送部に勤めていたが、1983年から文選部に配属されたと次のように話している。

「当時の文選（植字）作業は本当に大変だった。新聞の見出しに誤字を出せば懲戒処分を受けたり、当時は民主化以前だったので、大統領の名前を間違ったり、政権と関わる記事に誤字を出すと、情報機関に連れて行かれ取り調べられたりした。常に緊張の中で働いていた」[154]。そして、1990年代初め、新聞製作に電算システム（CTS）が導

154）2018年3月16日聞き取り

入されると、22年間働いていた B 氏は販売部に異動させられた。その後、IMF 経済危機を機に整理解雇されたのである。B 氏は「22年間働いていて、毎日、鉛活字の作業で鉛を扱っていたため鉛中毒の危険もあったが、いざ追い出されると悲しかった」[155]と語った。

　B 氏のケースにおいて注目すべき点は、技術革新が進む中、新たなシステムが導入される前に、そのシステムがどういうものなのか、その技術が自分の仕事を代替するものになるのか、直前まで気づいていなかったということである。B 氏自身も「一日、一日、誤字を出さないようにすることで精一杯であったため、技術革新の中で自分がどのように対処すべきかと考える暇はなかった」[156]と話している。すなわち、技術革新の動向を把握するゆとりなどは、文選工として働いていた時には全然なかったと表明している。また、ソウルの印刷会社に勤めていた I 氏は、印刷技術の電算化が進み、退職せざるを得ない状況に直面し、自らやめた当時を回想しながら次のように語っている。

　「当時、隣の会社が先に電算化システムを導入し、その会社に勤めていた友達が次々と辞めた。それを見て、私もその日が近いと感じていた。しかし、高校を出て、文選の仕事しかやってこなかったので、ほかに何かをすることは想像すらできなかった。そのうち、ある日、社長から辞めろと言われた。悲しかったし、社長に怒ったり、お願いしたりしても無駄だった。その後は、女房と二人でこの店（食堂）を始めた」[157]と話している。

　I 氏の場合、電算化による技術革新の動向と同じ立場の労働者の運命を自覚しながらも、自分ができることはないという自暴自棄に陥って、結局職を失うまで何もしなかったことが特徴である。要するに、

---

155) 同上
156) 同上
157) 2018年 3 月17日聞き取り

職がなくなることが見えても、本人がその場に置かれるまでは行動を
しない人間の心理がよく現れている。

　L氏は、ソウルの大手新聞社に勤めていた。彼は「1990年代前半、
電算化システムを導入するという社側の話を聞いて、電算化に適応す
るための再教育を受けた。当時、30代という若い年齢にもかかわらず、
パソコンの仕事も最初は戸惑った。それで、自分のお金で電算化シス
テムを学ぶために学校に通った」[158]と言う。新しいシステムを学び始
めてから、「最初は諦めて他の仕事を探すべきかと思ったが、生まれ
たばかりの娘の顔を思い出して、なんとかこの会社に生き残りたいと
いう一心で必死になって学んだ。周りのほとんどの同僚は会社を辞め
て、私に嫌なことをいう人もいた」[159]と述べた。L氏の場合、変化か
ら逃げるのではなく、その変化を真正面から受け止めて、それに適応
するために自発的学習を行ったことが特徴である。

　R氏は、文選工としての仕事を辞めて、出版社に転職した異色の経
歴を持っている人物である。R氏は、「電算化が導入されて働く場が
ないことが予想されると、取引先の出版社の人々を尋ねて歩き回った。
そして、出版社の営業職の仕事を得た」[160]と話している。多くの文選
工が電算化によって整理解雇をされる中、R氏は自ら取引先だった関
連分野に転職する道を模索したのである。

　調査を行った人々の中で代表的な例である4人の文選工の話に焦点
を当てると、次のような特徴がある。第一に、文選工の多くは、変化
が自分に直接的な影響を及ぼすまでなかなか次の行動に出ないという
ことである。実際、今回調査した20人のうち、能動的に次の道を模索
したり、技術革新を受け入れるために自発的学習を展開した人は5人

158）2018年3月20日聞き取り
159）2018年3月23日聞き取り
160）2018年3月19日聞き取り

しかいない。残り、15人は、受動的な態度を見せ、結局、ほかの部署へ移籍するなり、またはリストラされた。特に、15人は、会社から追い出された後も、自分でやりたい仕事を見つけることができなかったケースが多かった。例えば、N氏は会社から解雇されたあと、退職金で始めたフランチャイズ店が失敗し、その後、工事現場の日雇い労働を転々として、結局、妻とも離婚し、家庭崩壊に直面した。技術革新の過程で受動的な態度で変化に対処できなかった人々の人生は本人たちが納得できない結果につながったといえる。

　第二に、能動的に対応する人々は、変化を宿命として受け入れるのではなく、生き残ることで次の人生を開拓する機会としてとらえたという特徴がある。L氏のケースのように自負を持っていた技術が時代の変化とはいえ、不要なものとして扱われることに自壊感を抱きながらも、変化に対応するために学ぶ道を選んだのは非常に珍しい。しかし、L氏の話によれば、「新しいシステムを学ぶ中で、印刷業界で自分がやるべきことは何かが見えてきた」[161]と話している。具体的にそれは何かと聞くと、「誤字、脱字を判別するのは結局、人間の仕事であり、その能力はシステムを運用する能力とは別の能力で、その能力を新しい社員たちに教えるには時間がかかる。なので、私のように両方の能力を持つ人は、これからより必要されるという希望を感じだ」[162]と話した。すなわち、技術革新の中で自分が持っていた能力が全て不要なもの、価値のないものではなく、学びを通じて既存の能力を再発見することができたということであり、変化を拒否するのではなく、積極的に受け入れることで自分の価値をさらに向上させることができるという自覚を得たことに意味があるということである。このような視点から見ると、変化を拒む、変化から逃げるのではなく、能

161）2018年 3 月25日聞き取り
162）同上

動的に学習を通じて変化に対処することが重要であることがわかる。ただし、L氏のように思考し、変化に対処することは極めて稀なケースである。それでは、少なくとも、変化から生き延びる道はないだろうか。それが三つ目の特徴である。

　第三に、技術変化の中で生き延びる道を工夫した例として取り上げたR氏のケースである。要するに、関連業界への転職である。L氏のように学習を通じて変化に直接的に対応することが困難な場合は、全ての事業はあらゆる分野、または関連会社とつながっていることを前提として、そのつながりの中で自分の能力を発揮できる分野を探し、働きながら、次の道を模索することが変化に対応する一つの方法である。まさしく、生存型のモラトリアムの時間を確保することである。そして、生存型のモラトリアムの時間を確保する方法こそが、二つ目の特徴とは異なり、最も多くの人々が変化に対応する方法として選択しやすいように見える。

　しかし、問題は、生存型のモラトリウムの時間を確保する方法は、根本的な対処策ではない。特に、昨今のように、第４次産業革命という変化に対応するには、より能動的かつ積極的に変化に対応する必要がある。それほど、技術の革新が著しく、予想を超えるスピードで展開されるからである。そのため、次項では労働者が技術革新によって起きる産業構造の変化へ積極的に対応しない放任的態度の問題点を考察する。

３．技術革新による変化と労働者の過ち

　技術革新が産業構造の変化を生み出し、その過程で労働者は自らの職が危ういと認識しながらも、能動的かつ積極的に対応しなかったのはなぜだろうか。前述したように、文選工として働いていた熟練労働者がもし技術革新が自らの仕事に及ぼす影響の大きさを実感し、さら

に積極的に対応していたとしたら、彼らの人生はどう変わっただろうか。このような疑問に基づき、労働者が技術革新によってもたらされる変化へ受動的かつ放任的態度を取る遠因を把握した。

　電算写植システムが導入され始めたころ、Ｆ氏は社内でこのシステムによって費用削減だけでなく、自分の部署が解体される可能性があると聞いていた。しかし、その状況でも、Ｆ氏は「電算写植システムが入っても、それで急に全てが変わることはないだろう。少しずつ、そのシステムに移行するだろう。機械が便利とはいえ、自分たちの職人の仕事ぶりには及ばないだろう」[163]と、事態を甘く見ていた。それでは、なぜＦ氏は、電算写植システムの導入が自分の仕事に及ぼす波及効果を甘く見ていたのだろうか。それは、電算写植システムの具体的な機能を一度も見たこともなく、そのシステムの詳しい内容に関心を示さなかったからである。さらに、なぜそのシステムに関心を示さなかったのだろうかと突き詰めて考えてみると、その背景には熟練労働者が日々の過度な仕事の中で、ミスなく仕事をこなすのに精一杯であったため、そのシステムの詳細まで把握するゆとりがなかったからである。結局、日々の仕事に追われる中、仕事をめぐる環境的要因まで捉えることがいかに難しいのかを表している。したがって、労働者が厳しい日々の仕事の中で、客観的に状況を把握するにはその環境を常に把握し、共有する同じ熟練労働者同士の学習活動が行われていたとしたら、彼らの技術革新に対する対応のあり方は少し変わったかもしれない。

　また、Ｏ氏は、大手新聞社で働いていたため、もし電算写植システムを導入しても本人の部署が変わることはあっても、解雇されることはないと確信していたもう一人の職人である。長年会社のために必死

163）2018年 3 月24日聞き取り

になって働いていた自分を定年になる前に、追い出すことはないだろうと信じていたのである。しかし、IMF 経済危機と呼ばれる1997年のアジア通過危機を機に、新聞社の経営状況が悪化し、O氏はリストラの対象となってしまったのである。当時を回想しながら、O氏は「夢にも思わなかった。電算写植システムが導入されても、会社が厳しいとはいっても、長年、働いた功を考えれば追い出すことはないだろうと。しかし、会社は冷たかった。本当にひどいと思った」[164]と。このような話によると、技術革新に対応が遅れた理由は、技術革新と自分の会社での雇用保障は無関係だと考えたからである。要するに、いくら技術革新によって自分の職がなくなっても、会社は自分の働く先を提供し、定年まで働く機会を保障してくれるだろうという期待があったからである。もちろん、今の時代から思えば、非常に純粋な考えかもしれないが、1990年代後半に企業で働く人々にはこのような考えを持っている人々が少なくなかったのである。ただし、労働者のこのような認識の本質を突き詰めれば、結局、会社側と労働者側の認識の乖離が根底にあり、その認識の相違が技術革新に対する捉え方の違いとして現れたと言える。そして、認識の相違、特に労働者側が会社側の考えの本質を客観視していなかったことが技術革新の中で自らがどのように対応すべきかを考えることすらできない要因として作用したのである。そのため、この過ちを防ぐためには、技術革新が進む時には会社側はどのように考えているのかに注意を払いながら、常にその意図を把握するために努力することが重要である。

　結局、労働者が技術革新の過程において自分が生き残る道を考えるには、労働者が日々仕事に追われる中、自分の職務と関連している技術革新の内容を把握するほどのゆとりがないと言い訳をするのではな

164）2018年 3 月27日聞き取り

く、同じ状況に置かれている人々と協力しながら、その問題の本質を
探ることが重要である。また、同時に、労働者は会社側が技術革新を
推進する時、何を考えているのか、会社側の戦略と意図を冷静に把握
し、それに合わせて対応することが必要であるといえる。

　しかし、問題は、技術革新の中で労働者が実際に技術革新の中身と
会社側の意図を、厳しい労働環境の中で把握することが困難であるこ
とだ。むしろ、根本的な問題解決にはならない状況であるのにもかか
わらず、その時になって感情的に対応し、会社から追い出されるなど
して激しい対立の局面に置かれることが多い。それが人間の本性であ
り、最も多く見られる対応である。

第 6 章

第 4 次産業革命時代の学びの課題

第 1 節　第 4 次産業革命の技術革新と労働者の選択肢

　今まで多くの労働者が従事していた製造業やサービス業の分野では、大量生産システムの構築とコンピュータを活用した自動化により、大きな発展を遂げてきた。特に、電気を利用する産業用の機械製造分野では、コンピュータの制御によって人の役割をロボットが代わりに担当する段階まで発展している。このような技術発展の歴史の中で、直近では IoT とビッグデータを活用した製造工程の革新を通じたスマートファクトリーが広がりを見せている。それだけでなく、事務現場ではホワイトカラー従業員に代わって業務を担当するデジタルレイバーが登場し、今までの技術革新とは異なる次元の革新が行われている。つまり、生産現場やオフィスで、おそらくこれまで以上に多くの人が働く場を失う状況になっている。

　それでは、これらの労働者不在の生産現場と事務現場へ変化する中で、労働者はどのように対処すべきだろうか。歴史的事例から見ると、労働者の選択肢は、ラッダイト運動のように労働者の組織を結束し、物理的な力を使って抵抗し、雇用と生存権を守る道が一つ。または、信濃生産大学のように学習運動を通じて労働者自らの現実を直視し、抵抗においては個々人の価値判断を尊重しながら、学習組織を作り抵抗の道を工夫するという選択がある。ほかには、現在、労働者が上記の抵抗とは異なる道を選ぶとすれば、第 4 次産業革命の技術革新を受け入れ、その技術革新の内容を学んでいくことも可能である。もちろん、上記の選択肢の中でいずれを選ぶにしろ、選択に対する責任は労働者個々人にある。

　しかし、選択をする前に、第 4 次産業革命の時代の労働者たちには考えておくべき問題がある。それは、第 4 次産業革命の時代を生きる労働者の運命を予見したような作品によく描かれている。

1955年11月「ギャラクシー（Galaxy）」という雑誌に発表されたフィリップ・ディック（Philip. K. Dick）の短編小説「自動工場（Autofac）」は、未来の世界に人間が作った生産工場で働く自動複製ロボットの制御が不可能になり、ロボットによって人間の文明社会が破滅するストーリーである。特に、作品に登場するロボットは人工知能の深層学習の過程を経て、自らの制御能力が最大限に達し、最終的に人間が制御する限界値を超え、自立の段階に到達し、人間を破滅させるという内容である。この小説の中で印象的なのは、もちろん、人間は自立しなければならないが、機械が人間を圧倒するようになった時、人間はどうすればよいのかというメッセージが含まれているところである。つまり、技術革新を通じてロボットの役割を拡大することの裏面には、人間の生きる道をどのように考えるかが重要であるかが示唆されている。そして、現在、第4次産業革命が進行する中でロボットと人工知能の発展の速度を見ると、フィリップ・ディックの予見は、夢想や幻想の領域を超えて一定の現実味があると考えられる。特に、小説に登場する完全自動化工場が現実化されている状況を見ると、将来的には、人間がロボットの支配を受けるSF的な話を全く荒唐無稽なことと片付けることはできない。実際に、未来学者であるレイ・カーツワイル（Ray Kurzweil）は、人工知能の性能が全体の人類の知性の総和を超え特異的な「テクノロジカル・シンギュラリティー（Technological Singularity）」が2045年に来ることを踏まえると、労働力の40％がロボットに代替され、この時期から人工知能の未来を予測することは不可能になるだろうと主張している（Kurzweil 2006）。つまり、2045年までに数多くの製造分野では、スマートファクトリーへの移行がつづき、製造技術革新の流れは止まらず、さらに、生産現場の労働者だけでなく、ホワイトカラーと呼ばれる労働者に代わってデジタルレイバーが登場し、生産現場はもちろん、オフィスでも、労働者の仕事が奪われる可

能性が高くなっている。

第2節　機械との競争の時代の幕開け

　それでは、生産現場での労働者の不在をもたらすスマートファクトリーの拡大と事務現場での労働者の不在はどのようにもたらされているのだろうか。その中心にあるスマートファクトリーの拡大とデジタルレイバーの登場について見てみよう。

　第4次産業革命の進化とともに拡大しているスマートファクトリーの中で注目すべきところは、完全に自動化工場を意味する「完全自動化生産（Lights-out manufacturing）」である。なぜ、完全自動化生産が重要なのだろうか。その理由を言えば、完全自動化生産は、生産活動の中で人間の労働力を必要としない製造工程を指しているからである。つまり「照明がオフになっていても操業可能な工場」を意味する。このスマートファクトリーの代表的な例として挙げられているのが「ファナック（FANUC: Factor Automated NUmerical Control）」である。

　ファナックは、ロボットが他のロボットを製造する過程で、人の手を借りずに製造するシステムを構築し、ロボットとの間の相互作用を介してロボットを製造する設備を備えている。実際にファナックの生産現場を覗いてみると、数多くのロボットが24時間勤務態勢で稼働してロボットを生産している。それでは、人間の手を触れずに完成するファナックのロボットに対する信頼度はどうだろうか。

　テスラモーターズ（Tesla Motors）やアップル（Apple）などの取引先からの話によれば、ファナックが作るロボットの質は非常に高く、取引先から絶大な信頼を得ている。そして、ファナックの成功は、実際に生産現場では、人の手を一切使用せず、完全に機械による生産技術を構築するスマートファクトリーが拡大する一つ根拠として取り上げ

られている。一方、スマートファクトリーの成功とは裏腹に、人が作り上げる技術に対しては徐々に不安の声が上がっている。その理由を見ると、人の技術には、常に不確実性が存在するため、そのような不確実な要因に製品の品質を継続的に任せるよりも、ロボットによって製造される完全な自動化ラインを構築することが合理的であるという考えが広がりを見せているからである。

　それでは、企業はなぜ人よりロボットに対する信頼を高めているのだろうか。それは、今の時代に急速に発展する技術をロボットではなく、新卒の技術者を採用し、ゼロから教える努力をするより、昼夜を問わず働くロボットに任したほうが人によって生まれるリスクを減らすことができるからである。例えば、人なら離職したり、ミスをしたり、また労働争議を始めるリスクがある。しかし、スマートファクトリー（完全自動化）にすると、このようなリスクは完璧にヘッジすることができる。このような理由で企業は、初期投資による費用はかかっても、より安定した品質と経営環境を構築しようとする理由でロボットの導入に拍車をかけている。

　しかし、スマートファクトリーを推進するということは、必然的に労働者の雇用が危うくなることを意味する。つまり、リストラが実施され、労使間の摩擦が生まれる。この時、労働者はいわゆる機械との競争の中でどのように対応すべきか、前述したケースのうちいずれかの選択を迫られるようになる。一方、もう一つ注目すべきところは、生産現場ではなく、事務現場でも起きるデジタルレイバーの登場と、ホワイトカラー労働者の職の危機である。ここではデジタルレイバーについてまず簡単に見てみよう。

　事務現場でも自動化の動きが導入される中、「デジタルレイバー（Digital Labor）」が注目されるようになった。デジタルレイバーとは「RPA（Robotics Process Automation）」とも呼ばれる。デジタルレイバーは、既

存の人間が担当していた業務を、人工知能とビッグデータ分析などの
技術を活用して自動化することを意味する。端的に言えば、今まで人
にしかできないと思われていた業務を自動化させるソフトウェアであ
る。しかし、デジタルレイバーが、事務職労働者が担当していた業務
を代わりに遂行していくことによって、事務職労働者の地位は厳しい
状況に置かれるようになった。

　実際、デジタルレイバーが登場した後、企業の間では、ホワイトカ
ラー職種やバックオフィスの反復的なビジネスプロセスを自動化する
ソフトウェアロボットやシステムを導入しようとする動きが活発であ
る。一般的に、ロボットといえば、生産現場での特定のタスクを引き
受けて任務を遂行する産業用ロボットを指す場合が多い。しかし、デ
ジタルレイバーは生産現場ではなく、事務の現場でのマーケティン
グや財務などで、人間の動きを代わりにするシステムである。つま
り、企業の顧客サポート、会計、財務、人事、労務、法務などの事務
作業現場での情報を継続的に把握し、理解すること、または反復的に
行われる手作業の人間に代わって担当するソフトウェアである。具体
的な例を見てみよう。例えば、メールで文書や写真を送ったとしよう。
メールを送るとデジタルレイバーはすぐさまに情報を担当部署に通知
する。また、電話の内容を自動録音し、その内容をデータとして管理
する。これらのコミュニケーションに関する操作は、問い合わせの種
類によって類型化されている。さらに、デジタルレイバーは、採用基
準に合った求職者を判別して評価する作業、会計処理のために領収書
を整理して、PC の会計ソフトウェアに打ち込む作業などを、人間に
代わって関与する。そして、これらの作業を実行できるようにした核
心技術がまさに人工知能である。このような流れを見ると、ロボット
が既存の人間がしてきた反復的な仕事を代替し、人間のようにあるい
はそれ以上に働くことになりつつあると言える。

もちろん、デジタルレイバーが本当に人の代わりに仕事ができるのか疑問視する声もある。しかし、人工知能を活用しているデジタルレイバーは上記のような能力を発揮している。例えば、顧客から苦情を吐露する電話が来たと仮定しよう。既存の形態であれば、電話でのサポート担当者が内容を理解して類似の事例があったのかを調査し、その結果に基づいて対応している。しかし、今はデジタルレイバーがクレーム対応を行っている。それでは、実際にどのようにクレーム対応を自動化することができるのだろうか。

　デジタルレイバーがクレーム対応するためには、まず、顧客が何を言っているのかを正確に把握する必要がある。つまり「音声認識」技術と「自然言語処理」技術をもとに、顧客のクレームの意図を正確に把握する。そのあと、さらに一歩進んで過去の類似事例をデータベースから見つけ、「推論ナビゲーション」技術を活用し、クレーム対応と回答を自動的に遂行している。その結果、様々なお客様のクレームに対応することが可能となっている。また、このほかにも「読み込み」することができる技術を導入しているデジタルレイバーは、請求書や領収書などのアナログデータの処理を自動化された形で行っている。

　そして、現在の人工知能技術が急速に発達するのに伴い、人工知能を活用したデジタルレイバーを導入する企業の数が増えている。その代表的な企業の一つが、イギリスの鉄道事業者であるヴァージントレイン（Virgin Trains）である。ヴァージントレインは、1997年に発足したイギリスの鉄道会社でロンドンのユーストン駅から西海岸本線の中長距離列車などを運行しており、ヴァージングループ（51%）とバス運送業部門を代表する企業であるステージコーチのグループ（49%）の合弁会社として運営されている企業である。それでは、ここでまずヴァージントレインがどのような形で、人工知能技術を内在したデジ

タルレイバーを導入しているのか具体的に見てみよう。

　ヴァージントレインは、デジタルレイバーを活用するにあたって、まず、遅延した列車の払い戻し作業を自動化した。つまり、デジタルレイバーシステムは、顧客のメールを受信すると、自然言語処理技術を活用して含まれているテキストの意味と感情を理解し、内容を分類する。そして、その内容を分析し、そこに顧客からの苦情がある場合は識別して、デジタルレイバーが返金処理を行う。つまりメール受信から返金処理までの一連の過程が人間の手を経ることなく、全体のプロセスが自動化されているというものである。実際、ヴァージントレインは、従来のジョブの処理時間と、顧客の電子メールに対応する手作業を85%削減することに成功したという。ヴァージントレインは、デジタルレイバーを導入すると、もともと返金処理などの顧客相談業務を担当していた従業員は、支援業務に移動し、デジタルレイバーのおかげで、彼らは領収書の山の中で過ごしていた日常から抜け出したという。また、顧客の相次ぐクレーム対応によって感じていたストレスからも解放されたと評価している。つまり、ヴァージントレインはデジタルレイバーを活用した後、業務時間の短縮、サービス品質の向上などビジネス価値が向上したというのが社内の共通認識である。

　しかし、デジタルレイバーの導入はいいことばかりではない。導入する企業が増えれば増えるほど、一方では、自分たちの仕事を奪われるかもしれないという危機意識も高まった。具体的に言えば、デジタルレイバーシステムをさらに拡大していくと、多くの企業は余剰人員を減らすためにリストラを実施せざるを得ない状況に直面する。そのため、この時生じる労使間の葛藤をどのように解消すべきか、対策を考えておくことが重要である。

　この労使間の葛藤という問題について研究しているロンドン政治経済大学（LSE）のレスリー・ウィルコックス（Leslie Willcocks）教授は、

デジタルレイバーの導入による事務現場の構造調整をめぐる問題について次のように主張している。

「デジタルレイバーの導入にあたっては、段階的に推進して実験と検証の過程で人間がデジタルレイバーを受け入れる心の準備をする時間を持つことが必要である。また、デジタルレイバーを社内に拡大することにすれば、その運営の制度的装置を設け、労使間の葛藤を予防するために努力しなければならない」[165]と。しかし、この主張に関して企業側は、ウィルコックス教授のこのような指摘はとても原論的で解決できる策ではない。どの企業でも、デジタルレイバーを導入する際、リストラが必要であることは知っている。従業員もリストラが行われることをよく知っている。問題は、知っていながら、経営者と労働者の立場が違うのを見て、その答えが正直に思い浮かばないことである。

このような理由からデジタルレイバーを導入する際に考えるべきところは、企業がデジタルレイバーを導入することが時代の流れであるとするならば、経営陣は一刻も早く労働者が新しい仕事を見つけることが容易になるよう再就職のための支援策を設けて推進しなければならない。労働者側も抵抗するだけではデジタルレイバーの流れを止めることができない。したがって、事務職労働者はデジタルレイバーの機械と競争するのではなく、自らが時代の変化の中に置かれており、ラッダイト運動の時の労働者や信濃生産大学の農民のように選択を迫られている状況であることを理解し、どのようにデジタルレイバーの流れと向き合うかを決めなければならない。そのためにも信濃生産大学で実施された学びは納得いく人生の選択をする上で必要であると思われる。

---

165) Leslie P Willcocks & Mary Lacity.（2018）*Robotic process and cognitive automation: the next phase*, Steve Brookes Publishing.

第 3 節　機械との共存の道を作る条件

　ポルトガルのミニュ大学（University of Minho）のゴラン・プートニック（Goran Putnik）博士チームは「クラウドマニュファクチャリング（cloudmanufacturing）」を使用して、労働者の不在を最小化する方法を工夫した。研究チームは、企業がクラウドマニュファクチャリングを導入すれば、労働者がたとえ工場から離れていても、インターネット上で専用の SNS にログインして、現場に送られてくる映像を見ながらレーザーカッターや3D プリンターを利用して製品を作る役割を果たすことができるため、必ずデジタルレイバーに依存する必要はないと主張している。実際、ゴラン・プフートニック博士のチームは、研究室に実験のための製造設備を装備し、2,350キロ離れたセルビアの大学でインターネットを介して機械を制御する実験を行った。作業中のロボットは、2,350キロ離れたセルビアの大学で映像を見ながら指示される作業を完璧に遂行した。つまり、クラウドマニュファクチャリングを介して完全に自動化工程でロボットを遠隔で制御することができ、労働者の在宅勤務が可能となることを意味する。これらの可能性を企業の立場から分析すると、もし言語的な問題だけ解決できれば、世界のどこからでも優れた技術者を採用し、現場での作業を担当させることができるようになる。一方、労働者の立場から見ても、自ら働く場所が特定の地域企業に限定されず、全世界の企業で仕事をする機会が生じることを意味する。要するに、企業は労働者を採用する時、事務所や工場などの場所に通勤できる人材を選ぶ必要がなくなるため、労働者を特定の空間（生産現場やオフィス）に滞在させるためにかかる費用の負担を減らすことができ、他方、労働者も自分が通える企業だけに絞らず、遠隔で仕事ができる環境さえ整えている企業なら空間を超えて働くことができるのである。ゴラン・プートニック博

士は、このシステムが、私たちが想像することができないほど人とロボットの共存を可能にすると主張している（Putnika & Alvesa 2019）。

　ほかにメリットとして注目されているゴラン・プートニック博士の主張をみると、24時間の工場を稼働することも、世界各国にある労働者が SNS を介してロボットを制御することが可能になるため、時差の部分も解決できると話している。それだけでなく、企業は全世界の技術者と独立契約形態で雇用契約を結ぶので、労働組合との対立という労務管理リスクもある程度ヘッジできるという。最後に、労働者の立場でも、個々の能力に基づいて、企業と請負業者としての関係を形成し、それに基づいた独自の権利を行使する機会が生じる。必ずしも、事務職労働者の職を奪うことなく、ロボットという機械と競争するのではなく、共存できるメリットがあると話す（Putnika & Alvesa 2019）。

　しかし、MIT のエリック・ブラインジョルフソン（Erik Brynjolfsson）が著した『機械との競争（Race Against the Machine）』で指摘したような技術革新の過程で失業が増加することはもちろんやむを得ない。問題は、失業が増加する過程でもたらされる葛藤や傷をどれほど少なくできるかが重要である。そのためには、労働者が自分が働いている業種がどのように変わるのかを直視しながら、抵抗か、学びかを決断する必要がある（Brynjolfsson & McAfee 2011）。

　労働者がどのような選択もするかは、労働者個人の自由であるが、抵抗にもラッダイト運動のような暴力的性格を内包する場合と信濃生産大学のように非暴力性を守りながら、制度および政策を変えようとする社会運動の選択肢もある。ただし、労働者がいずれの選択肢を選ぶにしろ、まず学習が行われ、第 4 次産業革命の状況を正確に、冷静に把握しなければならない。そして、その学びの空間が、大学での開かれた学び、つまり高等教育と社会教育の融合である。

第 4 節　産業構造の変化と高等教育の活用

1．技術革新と大学を軸とした学びの多様化

　人類が長い農耕社会を脱皮して、本格的な産業社会に入ったのは、この200年間ほどである。最初の産業革命、すなわち、第 1 次産業革命は、イギリスからの蒸気機関が発明され、紡績工場を機械化、動力化しながら大量生産を行った。これにより、綿織物の価格が低くなり、需要が増加して、大量生産、大量消費が加速した。その結果、人々は農場を離れ、都市の工場に集まった。工場の所有者は工場設備を拡大させ、より多くの富を創出し、資本を増やした。他方、労働者は労働力を提供して給与を受けるようになった。このような社会的構造が作られることで、ここから資本主義経済の構造が形成されたのである。そして、産業の現場では資本主義に基づき様々な形で大量生産の動きが現れた。

　具体的に見ると、1900年代初頭、フォード自動車がコンベアベルトを利用して、自動車を連続的に組み立てる画期的な大量生産ラインを創案して、自動車の価格が 3 分の 1 程度にまで低くなり、自動車需要が急速に増加した。特に、自動車割賦金融が生まれ、サラリーマンが車を購入することができるようになり、自動車需要が爆発的に増加した。車を持つと、混雑して環境が悪い都心に住むことなく、郊外に住まいを構える人々が増え、郊外に住宅建設が拡大し、道路や橋などのインフラ設備も整えられた。それとともに、自動車製造や運行に必要な機械、石油化学、鉄鋼、建設、金融産業が本格的に発展し、近代産業と経済の枠組みが作られた。そして、人々の教育と学習も、製造現場で働くことを念頭に置いた分野を勉強する人々が増え、特に教育政策の中に経済成長を達成するための効果的な戦略として、大学を中心とする理工系を重視する高等教育を継続的に拡大した。

20世紀後半の情報通信技術の発達と、半導体、コンピュータ、デジタル技術、フラットパネルディスプレイ、ロボット、自動化、光通信、インターネット、モバイル通信、スマートフォン、SNS などの技術革新が行われ、学びの空間も大学、遠隔教育と企業内教育など多様化したのである。特に、インターネットを介して誰でも、高品質の講義をいつでもどこでも無償で受講することができる MOOC（Massive Open Online Course）が現れ、大学と連携した学びの方法が多様化したのである。

　つまり、高等教育、社会教育の分野の領域の区分を超えた学びの環境が形成されたことから、労働者がロボット、スマートファクトリーやデジタルレイバーなどの自らの職の脅威となる環境が作られる背景を学ぶ機会は自ずと増えたのである。労働者が多様な学びの機会を能動的に活用することで、自らが技術革新によって職を失う危機に直面する時にとき、どう対処すべきかを真剣に考える機会になると思われる。

２．第４次産業革命と大学と企業との連携

　開かれた学びの空間の一つとして、大学はどのような第４次産業革命の技術革新と関連する学習内容を構築し、提供すればよいだろうか。最近、無人自律走行車、無人偵察機、3D プリンティング、ナノ新素材、両者コンピューティング、高速無線インターネット、クラウドコンピューティング、モノのインターネット、機械学習と人工知能などの新しい技術の種類は数え切れない。また、製造企業だけでなく、サービスの分野でも自動化機器、ロボットなどと一緒に IoT と人工知能技術により無人自動化、オフィスの自動化、無人化、知能化が進んでいる。金融コンサルタント、会計士、弁護士、医師などの知識集約型専門職も人工知能技術によって置き換えられ、助けられる時代が来

ている。さらに、学習過程も自動化、知能化されて、パーソナライズされた学習指導が可能となり、教授や教師の役割が減少する時代になりつつある。つまり、繰り返しになるが、多くの人を養ってきた従来の仕事が減るということである。これは、実際に、過去10年間、各国の資本生産性がますます低下しているという OECD の統計でも証明されている。資本を投資するほど、産業の自動化、知能化に多くが投資されて、雇用が減り、GDP が減少するパラドックスの時代に入ったのである。労働がほとんどの付加価値を創出していた時代からの資本と技術がその役割を代替する世界となった。人類は肉体労働から解放を求め、多くの技術革新を行ってきたが、今は精神労働からも解放されるようになった。事実「解放」という言葉が適しておらず、労働からの追放という事態が起ころうとしている。

　このような技術革新による第 4 次産業革命の展開の中で内在している問題は、技術の変化にどう対応すべきかという課題に、労働者はまだ準備ができていないということである。特に、深刻なのは、技術革新の背後にある大学に勤める人々までも準備ができていない。それでは、技術革新に対してはどのような準備が必要だろうか。

　第一に、労働者の労働市場の変化に関する政治学習の場が必要である。同時に、労働者は自らの雇用を左右する環境の変化を知っておく必要がある。そのためには、技術革新と関連する政策の動向や産業化の変化を把握することが重要である。ただし、それは一個人の力では難しいのが事実である。そのため、会社の同僚など同じ状況に置かれている人々の間で学習を組織化し、信濃生産大学のように専門家を交えてともに学んでいくことが重要であることを意味する。

　第二に、技術革新によって新たに職業訓練を主とする高等教育機関による職業教育を実施することである。企業は自らが新しい技術革新の事業を展開する既存の事業に勤めている従業員を企業内で再教育す

ることは難しい。その能力を持っている新しい人材を採用する方が効率的であるからだ。そのため、技術革新に伴う新しい事業を学ぶためには、大学の空間で第4次産業革命の技術革新と関連する内容を学ぶのが必要である。ただし、その前提として求められるのが大学のカリキュラムに社会人を対象とする技術革新と関連する講座を設置することである。すでに産業と社会が求める人材像と彼らの能力は従来のものとは異なる。過去、農業近代化と産業化の時代には、すでに明らかになっている問題をマニュアル通りに解決し、与えられた仕事に忠実な人を望んだが、今の時代は全く異なる能力を求めている。複雑で不確実な問題を的確に把握し、その上で全く新しい発想やアイデアを創り出すことが重要となっている。

　第三に、高等教育と社会教育の連携による学びの輪の拡大である。技術革新が進むにつれ、大学4年間で行われている教育と学習と社会教育を融合する形態が展開している。大学が主導していた教育を企業や社会が分担することである。教育現場の教室とキャンパスが自動化、知能化、無人化、インターネット化される中、学習コンテンツと学習プロセスがデジタル化、自律学習化、自動化、知能化される。その結果、授業方式の革新が加速されて、大規模教室で画一化された内容を一方的に伝えるのではなく、その代わり、e ラーニングや MOOC のような無償の学びによって低コストで教育を受けることができる。つまり、このような無償の知を社会教育の現場が一緒に活用することが技術革新に伴う時代の変化に対応する知識の獲得につながる。その結果、高等教育と社会教育を結びつけることで技術革新と関連する知を獲得することができると、労働者は知を源にして時代の変化を客観視することはできるようになる。まさしく、労働者が学びによる自分の状況を客観視することができることで、高等教育の価値と社会教育の価値がある程度実現できることを意味する。

　しかし、そのためには、大学がまず第4次産業革命に合う教育内容と社会教育との連携を視野に入れた教育組織として変革することが必要である。具体的に言えば、まず、大学組織は、技術革新の動向に合わせて教育内容を変えなければならない。大学には元からキャンパス、教員、学生、デジタル学習コンテンツ、eラーニング、MOOC、インターネット教育などの様々な資源があり、技術革新の動きも最も素早く対応可能な環境を形成している。

　ただし、問題は資源を保有しているだけで、技術革新に対応することはあまりできていないということである。技術革新に大学が対応するためには、大学組織体系がまず変化しなければならない。今日、多くの大学、特に研究中心の大学が研究活動に力を注いでいる。研究費を獲得し、最先端の研究に取り組んでいる。また、大学独自の努力だけでは限界がある。第4次産業革命の実践可能な技術を開発している企業と協力し、実際に、ビジネス現場でどのように変わるか、その実態を踏まえた研究が必要である。

　第4次産業革命がもたらす技術革新によって労働者の職が失われるリスク、新たな職が創造される期待がある中、大学はこの問題解決の中核になり得る存在である。そのため、大学自ら時代の変化に対応することが必要であると思われる。

終　章

　第 4 次産業革命が雇用に及ぼす影響については本文の中で述べたように、多くの議論がなされている。特に、雇用の問題は、最も社会的葛藤とつながり得る深刻なテーマでもある。それにもかかわらず、第 4 次産業革命の議論の中ではあまり注目されていないのが現状である。

　第 4 次産業革命は、人間と技術が協働するスマートシステムを根幹としている。柔軟な生産工場の運営に関する研究を行っているドイツのフラウンホーファー研究所のルーカス博士は、第 4 次産業革命の核心を人間と機械の協働として捉えている。その中で重要な課題として浮上するのが、ワークアンドライフのバランス（Work-Life Balance）を通じて労働者の"時間主権"と"空間主権"を確保することである（キム・ジンハ 2016）。

　労働者の「時間主権」とは、労働者が自ら労働を管理できる権利を獲得し、残業などの時間を決定する権利である。他方、「空間主権」とは、在宅勤務、遠隔ワーキングまたは共同オフィス（Desk Sharing）のような形で、労働者が自己責任の下で労働時間とワークスペースを決定することである。つまり、労働者が時間と空間を管理する権限を得ることで、第 4 次産業革命の時代にどのように対応すべきか、学習する時間を確保しているのである。そして、そのような学習を通じて、労働者自らが情報労働と知識労働を中心に自らの雇用のあり方を再構築することが課題となったのである（キム・ジンハ 2016）。

　1995年、ジェレミー・リフキン（Jeremy Rifkin）が『労働の終焉』を発表した時、すでに技術の発展に起因する人間の労働の機械の代替が進み、多くの労働者の失業時代が発生すると主張した。また本文の中で確認したように、カール・ベネディクト・フレイ（Carl Benedikt Frey）とマイケル・オズボーン（Michael Osborne）が研究を通じて、アメリカでの現存の職業の自動化で約47％に相当するアメリカの労働者が今後10〜20年の間に、機械によって代替される職業に従事している

という主張を提起したこともある。その理由は、技術の発展によって職が奪われる労働者は主に単純労働のサービスを提供している人々に限るという見解が多いからである。ただし、このような雇用環境の変化は、10〜20年の期間で発生するのではなく、半世紀にわたって進む可能性が高い。そのため、技術革新と労働環境の変化に学習を通じて技術ユートピア的な空想や恐怖から脱皮し、冷静に技術発展の活用の可能性を理解し、変化を準備する学習を行う必要がある。

　しかし、第4次産業革命をめぐる研究の現状を見ると、多くの研究者は、技術の進歩により大規模な失業が発生するという仮説について懐疑的である。第4次産業革命が雇用喪失につながるという主張も同様である。多くの研究者はこのように危機意識が低いのが現状である。実際、社会教育研究の分野においても第4次産業革命という変化によって直面する社会問題に関する議論は、特に日本の社会教育研究ではあまり行われていないのが現状である。つまり、第4次産業革命の余波は社会教育研究が長い間取り組んできた労働者教育および様々な研究テーマとは無関係ではないのにもかかわらず、活発な研究が行われていない。特に、自然科学の研究分野や経営学および経済学分野の第4次産業革命に関する研究に比べると、量的にも、質的にも遅れを取っているように見える。

　それにもかかわらず、本文で言及したように第4次産業革命の時代において労働者の生きる道を模索するための学びを支える意味で社会教育の役割の重要性はいくら強調しても足りない。したがって、本研究は、第4次産業革命ラッダイト運動、信濃生産大学や印刷業界の労働者の調査という社会変化という多少の事例を取り上げる方法が論理的な飛躍を招く危険性があるという一部の指摘を十分承知した上で、これからの社会教育研究分野における第4次産業革命に関する研究の展開を支える研究の踏み台になることを目指し、取り組まれてきた。

ただ一つの願いを込めて。過去の社会教育研究が農業近代化の過程の
信濃生産大学の農家やラッダイト運動の労働者とともに時代の社会変
化を乗り越え、生きる道を模索したように。

謝　辞

　この本は2017年イギリスのケンブリッジ大学に在外研究中に始まり、ほぼ３年の歳月を経て、流通経済大学の研究助成のおかげで世に出ることになった。流通経済大学の野尻俊明学長をはじめ、学術出版助成委員会で尽力していただいた増田悦夫先生や他の委員先生方々にお礼を申し上げたいと思う。そして、本作りの作業を担当していただいた出版会にも感謝を申し上げたい。

　さらに、個人的にこの場を借りて、常に息子を信じて応援してくださる両親にお礼の言葉を申し上げたいと思う。(어머니, 아버지 아직까지 제대로 아들 노릇을 못하고 있는 가운데 믿고 응원해 주셔서 감사합니다. 이 모든 결과물은 두 분의 믿음과 응원이 없다면 불가능했을 것입니다.)

　最後に、慣れない異国での異邦人の生き方を選択し、言葉や文化の壁を乗り越えて、私を感動させてくれる妻（全福善）にもお礼を言いたい。(캠브리지에서 다시 도쿄로 돌아와 바쁘고 힘든 가운데 한걸음 한걸음 같이 앞으로 나아가 주어서 진심으로 고마워요.) また、日本語も英語もわからない中、学校に入り、壁とはどう乗り越えるべきかを教えてくれている娘のボユン（宝倫）にも感謝の言葉を送りたい。(항상 하루하루 상상을 넘는 성장과 놀라움을 안겨주어서 아빠는 너무 고맙고 행복하단다.)

2019年12月16日

　　　　　ボユンの誕生日を祝いながら、尹敬勲

参考文献

日本語

朝岡幸彦（1996）「農民教育と『生産学習』」『北海道大学教育学部紀要第36号』。

石田武男編（1986）『地域と大学』教育文化出版。

碓井正久（1994）『社会教育の教育学』（碓井正久教育論集Ⅰ）国土社。

小川利夫（1973）『社会教育と国民の学習権』勁草書房。

大内力（1969）『日本における農民層の分解』東京大学出版会。

大谷省三編（1963）『現代日本農業経済論』農山魚村文化協会。

クラウス・シュワブ（2016）「第四次産業革命ダボス会議が予測する未来」日本経済新聞出版社。

佐藤一子（1998）『生涯学習と社会参加』東京大学出版会。

信濃生産大学運営委員会（1967）「信濃生産大学解散声明書」『月刊社会教育』（10月号）。

社会教育基礎理論研究会編著（1992）『社会教育実践の現在（2）』（叢書生涯学習シリーズ第4巻）雄松堂出版。

鈴木敏正（1987）「農民教育・学習の基礎構造」，美土路達雄監修『現代農民教育論』あゆみ出版。

地域基底研究会による小林元一聞き取り（1996年9月11日）

地域基底研究会「玉井袈裟男氏 Interview 記録（1996.10,21）」

千野陽一（1971）『勤労青年教育論』法政大学出版局。

永井憲一監修（1987）『教育条約集』三省堂。

長野県農業近代化協議会（1962）『農近協情報 No.1』。

長野県農業農民問題研究会（1966）『農民研情報 No.3』。

長野県農業近代化協議会（1963）『農近協情報 No.6』。

長野県農業近代化協議会（1964）『農近協情報 No.12』。

長野県農業近代化協議会（1964）『農近協情報 No.13』。

長野県農業近代化協議会（1965）『農近協情報 No.16』。

長野県農業農民問題研究会（1967）『農民研情報 No.1』。

中田正一（1953）『農村におけるグループ活動』文教書院。

農業近代化推進協議会（1964）『農近協連絡ニュース』（6）。

真壁仁・千野陽一編著（1969）『労農青年の地域民主主義運動』現代企画社。

美土路達雄（1994）「農民教育運動の新段階」，美土路達雄選集刊行事業会編集『美土路達雄選集第四巻　農民教育・生活論』筑波書房。

宮原誠一編（1960）『青年の学習』国土社。

宮原誠一（1962）「大学と市民」『朝日ジャーナル』Vol.4.（No.50）。

宮原誠一編（1964）『農業の近代化と青年の教育』農山漁村文化協会。

宮原誠一（1962）『青年期教育の創造』国土社。

宮原誠一編（1974）『生涯学習』東洋経済新報社。

宮原誠一（1976）『教育と社会（宮原誠一教育論集第一巻）』国土社。

宮原誠一（1977）『宮原誠一教育論集』第二巻（社会教育論）国土社。

宮原喜美子編（1980）『夕陽 —宮原誠一遺稿—』（株）文久堂。

宮原誠一（1990）『社会教育論』国土社。

津野幸人（1991）『新農本論』農山魚村文化協会。

橋本玲子（1996）『日本農政の戦後史』青木書店。

東畑精一＆大川一司（1935）『朝鮮米穀経済論』日本学術振興会。

藤岡貞彦（1968）「農民大学運動のける農民と教師」『国民教育研究』。

藤岡貞彦（1977）『社会教育実践と民衆意識』草土文化。

堀越久甫編（1956）『農事研究と青年運動』農山漁村文化協会。

山田定市（1980）「地域農業の発展と農民教育の課題（下）」『北海道大学教育学部紀要第36号』。

英語

Ashton, S. (1947), *The Industrial Revolution 1970-1830*, London, Open University.

Aspinall, A. (1949), *The Early English Trade Unions: Documents from the Home Office Papers in the Public Record Office*, London, Batchworth Press.

Autor, D.H. (2015), "Why are there still so many jobs? The History and Future of Workplace Automation, *Journal of Economic Perspectives*, Vol. 29, No. 3, pp. 3-30.

Ball, S.J. (1999), Learning and the economy: A "polity sociology" perspective, Cambridge Journal of Education, 29(2).

Beatty, P.T. (1992), The undeniable link: Adult and continuing education and individual change, In M.W. Galbraith and B. Sisco eds., *Confronting Controversies in Challenging Times: A Call for Action, New Directions for Adult and Continuing Education*, No.54. Sanfransisco, Jossey-Bass.

Beck, U, Giddens. A, and Lash. S. (1997), *Reflective Modernization*, Cambridge, Polity.

Beder, H. (1987), Dominant paradigms, adult education, and social justice, *Adult Education Quarterly*, 37(2).

Besen, J. (2016), The automation paradox, *The Atlantic* (Jan 19).

Bon, G. (1909), *The Crowd; A Study of the Popular Mind* (English Translation 6th), London, Longman.

Boston Consulting Group. (2015), *Man and Machine in industry 4.0.*

Brookfield, S.D. (1989), The epistemology of adult education in the United States and Great Britan: A cross-cultural analysis, In B. P. Bright ed., *Theory and Practice in the Study of Adult Education: The Epistemological Debate*, London, Routledge.

Brynjolfsson, E. & McAfee, A. (2011), Race Against the Machine: How the Digital Revolution Is Accelerating Innovation, Driving Productivity, and Irreversibly Transforming Employment and the Economy, Lightning Source Inc.

CEDA. (2015), *Australia's Future Workforce.*

Chang, J.H. & Huynh, H.Phu. (2016), ASEAN in transformation : The Future of Jobs at Risk of Automation, ILO Bureau for Employers' Activities, Working Paper (No 9).

Cole, H. (1925), *A Short History of the British Working Class Movement*, London, Allen Urwin.

Cole, H. & Filson, W. (1951), *British Working-Class Movements; Select Documents*, 1789-1875, London, George Allen & Urwin.

Crump, W.B. (1935), *History of the Huddersfield Wollen Industry*.

Cunningham, P.M eds. (2010), *Handbook of Adult and Continuing Education*, San Francisco, Jossey-Bass Publishers.

Cunningham, P. M. (1991), International influences on the development of knowledge, In J. M. Peters and P. Jarvis, Adult Education: Evolution and Achievements in Developing Field of Study, San Francisco, Jossey-Bass Publishers.

Cunningham, P. M. (1995), US. Educational policy and adult education: social control, social demand, and professional adult educator participation, *Conference Proceedings of the 36th Annual Adult Education Research Conference*, Edmonton, Alberta, Canada, University of Alberta.

Darkenwald, G.G. & Merriam, S.B. (1981), Adult Education: Foundations of Practice, Ty Cowell Co.

Davies, D. (2015), *Industry 4.0 Digitalization for productivity and growth, European* Parliamentary Research Service.

Dawall, O. (1934), *Popular Disturbance and Public Order in Regency England*, London, Oxford University Press.

Duke, C. ed. (1992), *Liberal Adult Education: Perspectives and Projects*, Warick: Continuing Education Research Centre, University of Warick.

Elextronics, G. (2016), *The Workforce of the future*.

Felikin, W. (1967), *History of the Machine-wrought Hosiery and Lace Manufacture*, New York

Freire, P. (1972), *Pedagogy of the Oppressed*, Middlesex, Penguin.

Fieldhouse, R. (1992), Tradition in British university adult education and the WEA, In Duke. C. ed., *Liberal Adult Education: Perspectives and Projects*, Warick: Continuing Education Research Centre, University of Warick.

Frey, C.B.& Osborne, M.A. (2013), *The future of employment; How susceptible are jobs to computerization?* Oxford Martin School.

Frank, P. (1988), *The Rising Luddities*, London, Frank Case & Co.

Frank, P. (2012), *Spen Valley Past & Present*, General Books LLC.

Geneva: Labor and Social Implications of Automation and Other Technological Developments, Geneva.

Gregory , W. A. B. (1997), Emancipatory Adult Education and Social movement theory, the degree of Master dissertation, University of Alberta, Edmonton, Canada.

Griffin, C. (1991), A Critical perspective on sociology and adult education, In Peters, J. M. & Jarvis, P. and Associates eds. *Adult Education: Evolution and Achievement in a Developing*

Field of Study, San Fransisco: Jossey-Bass.

Hall, B. (1993), Learning and global civil society: Electronic networking in international non-governmental organization, *International Journal of Canadian Adult Education and Training*, 3(3).

Hamilton, E. & Cunningham, P.M. (1989), Community-based Adult Education, In Merriam. S.B. & Cunningham. P.M. eds. *Handbook of Adult and Continuing Education*, San Francisco, Josey-Bass Publishers.

Hamilton, E. (1992), *Adult Education for Community Development*, New York, Greenwood Press.

Hammond, J.L. (1919) *The skilled labourer 1760-1832*, London, Longmans Green and co.

Harrison, C. (1985), *The Common People of Great Britain*, Bloomington, Indiana University Press.

Hart, M. (1990) Critical theory and beyond: further perspective on emancipatory education, Adult Education Quartely, 40(3), pp. 125-138.

Heaney, T.W. (1996), *Adult Education: From Center Stage to the Wings and Back Again*, Information Series No.365, Columbus, O.H.: ERIC Clearinghouse on Adult, Career, and Vocational Education.

Hobsbawn, E.J. (1952), The Machine Breakers, *Past & Present* (Vol 1, Issue 1) Feb pp. 57–70.

Hobsbawn, E.J. (1959), *Primitive Revels and Social Bandits: Studies in Archaic Forms of social Movement in the 19th and 20th Centuries*, Preaeger.

Holford, J. (1995), Why Social movements matter: Adult Education theory, cognitive praxis, and the creation of knowledge, Adult Education Quarterly, 45(2).

Holford, J. Preece, J. Gallart, M.S. and Snick, A. eds. (2002), *Learning Active Citizenship and Governance in Late Modern Society: A European Perspective*, Confidential Report to European Commission, DG Research Guildford, University of Surrey.

Horton, M. & Freire, P. (1990), *We Make the Road by Walking: Conversations on Education and Social Change*, B. Bell, J. Gaventa, and J. Peters. Eds., Philadelphia, Temple University Press.

International Labor Office (1957), The Report of the Director-General: Part 1 - Automation and other technological developments, Geneva.

International Labor Organization (1972), International Labor Conference 57th Session.

Johes, G.S. (1983), *Languages of Class*, Cambridge University Press.

Johnston, R. (1999), Adult learning for citizenship: towards a reconstruction of the social purpose tradition, *International Journal of Lifelong Education*, 18(3), May.

Jones, S.E. (2006), *Against Technology: From the Luddites to Neo-Luddism*, Routledge.

Jurgen, K. (1967), *The Rise of working Class, New York*, Macgraw-Hill Book Co.

Kaye, H.J. (1984), *The British Maxist Historians*, Cambridge Polity Press.

Kurzweil, R. (2006), The Singularity is Near: When Human Transcended Biology, Penguin.

Lave, J. & Wenger, E. (1991), *Situated Learning: Legitimate Peripheral Participation*, Cambridge, Cambridge University Press.

Lawson. K.H. (1975), Philosophical Concepts and Values in Adult Education, Nottingham, England, Barnes and Humby Ltd.

Lee, W.S. (2000), *The research for sustainable development of Lifelong education*, Korean Educational Development Institute.

Lovett, T. eds. (1988), *Radical Approaches to Adult Education: a Reader*, London, Routledge.

Magendzo, S. (1990), Popular education in nongovernmental organization: Educations for social mobilization?, *Harvard Educational Review*, 60(1), February.

Maruatona, T. (1999), *Adult Education and the empowerment of civil society: the case of trade unions in Botswana*, International Journal of Lifelong Education, 18(6), November.

Mayo, M. (1993), When does it work? Freire's pedagogy in context, *Studies in the Education of Adult*, 25(1).

Mcdougall, M.L. (1975), *The Working Class in Modern Europe*, London, Heath & Co.

Mckinsy Global Institute. (2016), *Digital globalization: The new era of global flows.*

Merriam, S.B. & Brockett, R.G. (1997), The Profession and Practice of Adult Education, SanFrancisco, Jossey-Bass.

Mezirow, J. (1991), Transformation theory and cultural context; A reply to Clark and Wilson, Adult Education Quartely, 41(3).

Miraftab, F. & Wills. S. (2005), Insurgency and Spaces of Active Citizenship, *Journal of Planning Education and Research* (25), Association of Collegiate Schools of Planning.

Morris, R.J. (1979), *Class and Class Consciousness in the Industrial Revolution 1780-1850*, Hongkong, Macmillian.

Newman, M. (1994), *Defining the Enemy: Adult Education in Social Action*, Sydney, Stewart Victor.

Nordhaug, O. (1986), Adult education in the welfare state: Institutionalization of social commitment, *International Journal of Lifelong Education*, 5(1), pp. 45-57.

Nottingham Journal（1812. 11.30）.

OECD. (2016), "The Risk of Automation for Jobs in OECD Countries," Jan.

OECD STAN Bilateral Trade database US. (2012), *Bureau of labour Statistics*; BCG analysis. The China figures are based on labor data for the yangtze river delta region.

Offe, C. (1984), *Contradicitions of the Welfare State*, London: Hutchinson,

Paper presented at the American Educational Research Association. (1991), ERIC Document Preproduction Service No. ED 331, Chicago, Illinois.

Paterson, R.W. (1978), *Values, Education and The Adult*, Boston, Routledge.

Paulston, P. & Altenbaugh, R. (1988), Adult Education in radical U.S Social and ethnic movements, in T. Lovett ed., *Radical Approaches to Adult Education: a Reader*, London, Routledge.

Pauline, G. (1973). *A Social and Economic History of Britain 1760-1972*, London, Longman.

Peel, F. (1888), The rising of the Luddites: Chartists & Plugdrawers, Heckmondwike, UK, Senior and Co Printers.

Pelling, H. (1963), *A History of British Trade Unionism*, New York, Penguin Books.

Peters, J.M. &and Jarvis, P. and Associates eds. (1991), *Adult Education: Evolution and Achievement in a Developing Field of Study*, San Fransisco: Jossey-Bass.

Ponomarev, B.N. (1976), *The International Working Class Movement*, Moscow, Progress Public.

Putnika, G. & Alvesa, C. (2019), Learning material co-creation infrastructure in Social Network-based Education: An implementation model, Procedira CIRP (vol.84), pp. 215-218.

Quigley, B.A. (1993), To shape the future: Towards a framework for adult education social policy research and action, *International Journal of Lifelong Education*, 12(2), pp. 117-127.

Remus, D.& Levy, S.F. (2016), *Can robots be lawyers? Computers, Lawyers and the Practice of Law* (November 27).

Rubenson, K. (1989), The sociology of adult education, In J. S.B. Merriam and P.M.

Rude, G.F.E. (1980), *Ideology and Popular Protest*, London, Lawerence & Wishart.

Rude, G. (1963), The Study of Disturbance in the Pre-Industrial Age, *Historical Studies: Australia and New Zealand* (Vol 10) Melbourne.

Rule, J. (1986), *The Laboring Classes in Early Industrial England 1750-1850*, London, Longman.

Schwab, K. (2016), *The fourth industrial revolution*, World Economic Forum.

Smith., M.K. (1994), *Local Education: Community, Conversation, Praxis*, Philadelphia, Open University Press.

Stubblefield. H. W. & Rachal. J. W. (1992), On the origins of the term and meanings of adult education in the United States, *Adult Education Quarterly* 42(2).

Sullivan, D.O. (1989), Social Commitment and Adult Education, Cork, Cork University Press.

Tawney, B.H. (1919), *A History of British Socialism*, London, Georg Allen & Unuin.

Thomis, M.I. (1969), *Politics a Society in Nottingham 1785-1853,* Oxford University Press.

Thompson, E.P. (1971), The Moral Economy of the English Crowd in the 18th, *Past & Present* (No.50), pp.76-136.

Thomis, M.I. (1970), *The Luddities; Machine-Breaking in Regency England*, New Abbot, David & Charles Public.

Thomis, M.I. (1972), *Luddism in Nottinghamshire*, Thoroton Society Record Series VII , London, Philimore.

Thompson, E.P. (1968), *The Making of the England Working Class*, Middisexi Penguin Books.

Tough, A. (1991), Crucial Questions about the Future, Lanham: MD, Univeristy Press of America.

Toh, S.H. & Cawagas. V.F. (1990), Peaceful Theory and Practices in Values Education, Quezwn City: Phoenix Publishing House, Inc.

Touraine, A. (2000), *Can We Live Together?*, Cambridge, Polity Press.

Walters, S. (1999), Lifelong learning within higher education in South Africa, *International Review of Education*, 45(5-6), November.

UBS. (2016), *Extreme automation and connectivity; The global, regional and investment implications of the forth industrial revolution.* UBS White Paper for the World Economic Forum Annual Meeting 2016.

UNESCO. (1976), Recommendation of the Development of Adult Education, General Conference of UNESCO, 19th session, Nairobi, 26 November.

Watson, J.S. (1960), *The Region of George III*, 1760-1815, Oxford Clarendon Press.

Webb, S.B. (1919), *The History of Trade Unionism*, London, Longman.

WEF. (2016), The Future of Jobs.

Willcocks, L.P. & Lacity, M. (2018), *Robotic process and cognitive automation: the next phase*, Steve Brookes Publishing.

Zacharakis-Jutz, J. (1994), Highlander Folkschool and the labor movement, 1932-1953.

World Economy Forum. (2016), Global Challenge Insight Report: *The Future of Jobs Employment, Skills and Workforce Strategy for the Fourth Industrial Revolution.* January.

Xun. X.C. (1994), Exploration of the two essential functions of adult education and its evolution in China. *The Adult Education Quarterly*, 44(2), Winter.

韓国語

강철승 (2016)『한국 제4차 산업혁명과 정책 프로세스 개혁』, 한국정책학회 동계 학술발표논문집. (ガン・チョルスン (2016)「韓国第4次産業革命と政策プロセスの改革」、韓国政策学会冬季学術発表論文集。)

교보증권「교보증권보고서」2016년 5 월 7 일 (教保証券「教保証券報告書」2016 年 5 月 7 日)

권동승 & 황동구 (2017)『초연결 지능 플랫폼 기술』한국전자통신연구원 (グォン・ドンスン&ファン・ドング (2017)『超接続知能プラットフォーム技術』韓国電子通信研究院)

김성진 (2016)『스마트 미디어 시대 인쇄문화의 가치에 관한 연구 ; 인쇄산업의 위상제고 및 미래전략을 중심으로』동국대학교 석사학위 논문. (キム・ソンジン (2016)『スマートメディア時代の印刷文化の価値に関する研究；印刷業界の地位向上うと未来戦略を中心に』東国大学校修士論文。)

김은경 & 문영민 (2016)『제4차 산업혁명에 대한 경기도의 대응 방향』경기도 연구원. (キム・ウンギョン&ムン・ヨンミン (2016)『第4時産業革命の京畿道の対応方向』京畿道研究院)

김진하 (2016)『제4차 산업혁명 시대, 미래사회 변화에 대한 전략적 대응방안 모색』, R%D InL 15. (キム・ジンハ (2016)『第4次産業革命の時代、将来の社会の変化のために戦略的対応策の模索』R% D InL 15。)

대한인쇄문화협회 (2016)『인쇄문화산업 진흥 5 개년 계획 수립을 위한 조사연구』. (大韓印刷文化協会 (2016)『印刷文化産業振興 5 カ年計画のための調査研究』。)

문화체육관광부 (2011)『인쇄문화산업 진흥 5 개년 계획안 (2012-2016)』. (文化体育観光部 (2011)『印刷文化産業振興 5 カ年計画 (2012-2016)』。)

문화체육관광부 (2015)『콘텐츠 산업 통계』。(文化体育観光部 (2015)『コンテンツ産業の統計』。)

솔트웨어컨소시엄 (2009)『출판인쇄산업을 위한 전문지식 정보서비스 비즈니스 모델』, 한국소프트웨어진흥원. (ソルトウェアコンソーシアム (2009)『出版印刷業界のための専門知識情報サービスのビジネスモデル』韓国ソフトウェア振興院。)

유성민 (2016)『제 4 차 산업혁명과 유전자 알고리즘』, 한국정보기술학회지 (Vol.14. No.2) pp.13-19. (ユ・ソンミン (2016)「第 4 次産業革命と遺伝的アルゴリズム」、『韓国情報技術学会誌』(Vol.14。No.2) pp.13-19.)

이경미 & 최성록 (2016)『제4차 산업혁명 시대의 ICT 융합형 재난안전 R&D 발전 방향』 Issue Paper (6) 한국과학기술기획평가원 (국회도서관 전자자료로 열람 가능)。(イ・ギョンミ & チェ・ソンロク (2016)「第4次産業革命時代のICT融合型災害安全に関するR & D の発展方向」、『Issue Paper』(6) 韓国科学技術企画評価院 (国会図書館の電子資料で閲覧可能))

이동면 (2017)『제4차 산업혁명의 기반, 지능형 초연결 네트워크』, TTA Journal 169. (イ・ドンミョン (2017)、「第 4 次産業革命の基盤、知的秒接続ネットワーク」、『TTA Journal』169。)

이은옥 (2017)『산업별 지능형 융합서비스 미래상 전망』, 정보통신기술 진흥센터. (イ・ウンオク (2017)『産業別インテリジェント融合サービスの将来像の展望』情報通信技術振興センター。)

윤종록 (2016)『제4차 산업혁명과 소프트파워』TTA. (ユン・ジョンロク (2016)『第 4 次産業革命とソフトパワー』TTA。)

정보통신기술진흥센터 (2016)『주요 선진국의 제 4 차 산업혁명 정책동향 : 미국, 독일, 일본, 중국』, 해외 ICT R&D 정책동향. (情報通信技術振興センター (2016)『主要先進国の第 4 次産業革命政策の動向：米国、ドイツ、日本、中国』海外 ICT R & D 政策の動向。)

최계영 (2016)『제 4 차 산업혁명 시대의 변화상과 정책 시사점』, KISDI Premium Report. (チェ・ゲヨン (2016)『第4次産業革命時代の変化像と政策示唆』KISDI Premium Report。)

텍엠월례보고서 (2016년 5 월、テックエム月例報告書2016年 5 月)

하원규 & 최남희 (2015)『제 4 차 산업혁명 : 초연결 초지능 사회로의 스마트한 진화, 새로운 혁명이 온다』. 콘텐츠하다. (ハ・ウォンギュ & チェ・ナムフィ (2015)『第 4 次産業革命：秒接続秒知能社会へのスマートな進化、新しい革命 が来る』コンテンツハダ。)

한국콘텐츠진흥원 (2014)『2014 콘텐츠 산업통계』. (韓国コンテンツ振興院 (2014)『2014コンテンツ産業統計』。)

한동수 (2015)『서비스 산업으로서 출판인쇄 산업의 혁신에 관한 연구 : 사업 다각화를 통한 경쟁전략을 중심으로』, 동국대학교 석사학위논문. (ハン・ドンス (2015)『サービス産業として出版印刷業界の技術革新に関する研究：事業の多角化を通じた競争戦略を中心に』東国大学校修士論文。)

홍석만 (2017) 「디지털 전환과 노동의 미래」『Workers』(2017년10월13일기사) 〈ホン・ソンマン (2017)「デジタル転換と労働の未来」「Workers」(2017年10月13日記事)

현대경제연구원 (2016) 「제4차 산업혁명의 등장과 시사점」, 『경제주평 (705)』. (現代経済研究院 (2016)「第4次産業革命の登場と示唆」, 『経済週評 (705)』。)

IBK 경제연구소 (2016)『독일 스마트 공장 현황과 시사점』. (IBK 経済研究所 (2016)『ドイツスマート工場の現状と示唆点』。)

新聞

글로벌 경제 (2016.2.3) 다보스에서 던지는 질문, 제4차 산업혁명 초연결 시대를 준비하고 있는가? (グローバル経済 (2016.2.3)「ダボスで投げかけた質問は、第4次産業革命時代を準備しているのか」)

매일경제 (2016.9.12) 제4차 산업혁명은 시작됐다. (毎日経済 (2016.9.12)「第4次産業革命は始まった」)

인쇄산업신문 (2016.2.15) 제4차 산업혁명 ; 인쇄산업의 실크로드는 초연결과 소통에서 찾아야 한다. (印刷産業新聞 (2016.2.15)「第4次産業革命；印刷業界のシルクロードは連結とコミュニケーションから見つけるしかない」)

인쇄산업신문 (2016.12.26) 혼돈의 인쇄산업 (印刷産業新聞 (2016.12.26)「混沌の印刷業界」)

인쇄산업신문 (2017.1.31) 인쇄 어렵다고 말만하지 말고 창의와 혁신, 도전으로 미래 열자. (印刷産業新聞 (2017.1.31)「印刷業界は難しいと言うだけではなく、創意と技術革新、挑戦で将来を開こう。」

인쇄산업신문 (2017.2.20) 지능을 연결하자. (印刷産業新聞 (2017.2.20)「知能を連結させよう」。)

프린팅코리아 (2015.1.) 인쇄산업 전망. (印刷コリア (2015.1.)「印刷産業の展望」。)

한겨레 (2017.1.3) 한국은 제4차 산업혁명이 안 보일까? (ハンギョレ (2017.1.3)「韓国は、第4次産業革命が見えないだろうか？」。)

【著者紹介】

尹　敬勲（ゆん　ぎょんふん）

東京大学大学院教育学研究科において教育学修士、博士（教育学）を取得。また早稲田大学アジア太平洋研究科において国際関係学を専攻し、博士（学術）を取得。イギリスケンブリッジ大学 Visiting Fellow. 現在、流通経済大学法学部准教授。

主要著書

尹敬勲著『韓国の教育格差と教育政策』 大学教育出版　2010年
尹敬勲著『韓国経済と労使関係』 学術出版会　2010年
尹敬勲著『韓国の大学リストラと教育改革』BookandHope　2013年
尹敬勲著（松本麻人監修）『韓国における大学倒産時代の到来と私立大学の生存戦略』ジアース教育新社　2019年

第 4 次産業革命と社会教育

発行日	2020年 3 月26日　初版発行

著 者	尹　　敬　勲
発行者	野　尻　俊　明
発行所	流通経済大学出版会

〒301-8555　茨城県龍ケ崎市120
電話　0297-60-1167　FAX　0297-60-1165

Printed in Japan/アベル社
ISBN978-4-947553-84-3 C3036 ¥3000E